Libro Soto

Libro De Entretenimiento
De conjunto De Juegos De Palabras

El Autor El Maestro Ruben Soto

WESTBOW
PRESS®
A DIVISION OF THOMAS NELSON
& ZONDERVAN

Puede hacer pedidos de libros de WestBow Press en librerías o poniéndose en contacto con:

WestBow Press
A Division of Thomas Nelson & Zondervan
1663 Liberty Drive
Bloomington, IN 47403
www.westbowpress.com
1 (866) 928-1240

ISBN: 978-1-5127-9200-3 (tapa blanda)

Número de Control de la Biblioteca del Congreso: 2017912946

Información sobre impresión disponible en la última página.

Fecha de revisión de WestBow Press: 01/25/2018

El libro Soto:
Esta escrito por la Biblia, la Reina-Valera.

Entretenimiento 1

Escriba los nombres de los hijos.

1. Los hijos de José; _____ _____.
2. El hijo de Enoc; _____.
3. Los hijos de Saúl; _____ _____ _____ _____.
4. El hijo de Booz; _____.
5. El hijo de Harán; _____.
6. Los hijos de Rubén; _____ _____ _____ _____.
7. Los hijos de Adán; _____ _____ _____.
8. El hijo de Jefone; _____.
9. Los hijos de Lot; _____ _____.
10. El hijo de Caín; _____.
11. Los hijos de Noé; _____ _____ _____.
12. El hijo de Set; _____.
13. Los hijos de Aarón; _____ _____ _____ _____.
14. El hijo de Ecana; _____.
15. Los hijos de Taré; _____ _____ _____.
16. Los hijos de Isaac; _____ _____.
17. Los hijos de Alfeo; _____ _____.
18. Los hijos de Isaí; _____ _____ _____ _____.
19. El hijo de Abías; _____.
20. El hijo de Cainán; _____.
21. Los hijos de Isacar; _____ _____ _____.
22. Los hijos de Moisés; _____ _____.
23. El hijo de Sem; _____.
24. El hijo de Josadac; _____.

Entretenimiento 2

Estudie los versículos en la Biblia, para completarlos.

1. Gn 1:1, En el p__ __nci__ __o creó Dios l__ __ cielos y la __i__rr__.

2. Gn 43:6, Dijo entonces Is__a__l: ¿Por qué me hi__ __st__is tanto mal, declarando al va__ón que teníais otro h__ __m__no?

3. Jos 24:28, Y envió Jo__ __é al pu__ __lo, cada uno a su po__ __si__n.

4. Ez 7:25, De__tr__cci__ __ viene; y buscarán la __az, y no la h__ __rá.

5. Mt 23:6, Y aman l__s primeros asi__ __tos en las c__n__s, y las p__ __mer__s si- llas en las si__ __go__as.

6. Is 33:22, Porque J__ __ov__ es n__ __ __tro ju__ __, Jehová es n__ __stro legislador, Jehová es nuestro R__ __; él mismo nos sa__va__ __.

7. Pr 22:2, El r__co y el p__bre se encuentran; A a__bos los h__z__ Jehová.

8. Hch 14:7, Y allí pre__ __cab__ __ el eva__ __ __lio.

9. Ez 47:21, Repartiréis, pues, e__ta tierra entre vo__ __tros según las trib__ de Israel.

10. 3Jn 1:14, Porque es__ __ro verte en breve, y hab__ __re__ __s c__ __a a cara.

11. Éx 40:3, Y pon__ __ás en él el arca del testi__o__io, y la cub__ __rás con el velo.

12. Jn 21:13, Vino, pues, Je__ú__, y tomó el p__n y les dio, y asi__i__mo del pescado.

13. Gn 5:21, Vivió Enoc se__ __ __ta y cinco años, y eng__ __ __ró a Mat__s__lén.

14. Sal 98:7, Brame el __ __r y su ple__ __ __ud, el mu__ __o y los que en él habitan

15. Stg 3:10, De una misma b__ __a pro__ __ __en bendición y mal__ __c__ón. Her- manos míos, e__ __o no debe s__ __ así.

16. 2Ti 1:14, G__ __r__a el bu__ __ d__ __ósi__ __ por el E__ __í__i__u S__nt__ que mora en nosotros.

17. Ecl 12:8, Vanidad de van__d__ __es, dijo el pre__ __ __ __dor, todo es vanidad.

18. Sal 96:1, Can__ __d a Jehová cá__ __ __co n__e__o; Cantad a J__ __o__á, toda la t__e__ __a.

19. Jue 1:4, Y s__ __ __ó Judá, y Jehová entregó en sus manos al ca__a__ __o y al fe- rezeo; e hirieron de ellos en Bezec a di__ __ __ mil ho__ __ __es.

Entretenimiento 3

Busquen 16 palabras o nombres, que cada palabras o nombres, sean 2 palabras las mismas. Y márquela. Por ejemplo "busque dos Dios"

JOSE
GRANDE
DIOS
MANOS
ESPIRITU
FATIGARA
MOSTRO
PROFETA
LIBRARTE
MATEO
TENIA
PEDRO
RAIZ
BUENA
HOMBRE
JACOB
JUDA
VIENTO
MILLONE
PONDRA
HEREDAD
CIUDAD
MOISES
ARMADA
SALOMON
IRSE
EDICTO
OIDO
SOMBRA
SAMUEL
OIDME
BOCA

```
M V O I T X B U F M I L L O N E J A M I Z G P S L
O P Q N J E K G V A W C Z P R T X L B Q E K O E H
I C H Z P A S E W Z L O M Q S A M F G W I D U C X
S D F J K C J U D A Q H U E V K A O B Z T M L P B
E A S W E Q G N O T X V Y S C H T U P L A D S Y Q
S F T I S M L W U G Q E R O F J E Q X S I Z V C O
O K V X P F H R C Y I T M J B U O K D L B R W N I
N H D V I Q X J L T B Z V T G F N I P C L F Q U D
W C V S R G M D A K O L C P X W T G V M G A J H O
A Z I F I P G S Y I C R M D U Q H L B P Z S I B K
T G E P T U W Q H N A Z F S Y L A T E F O R P F Y
D K N X U L D F C O R P W N S Y V I X W Q B C G U
R H T Q B G A N E U B L X E K J F C K M D K T E L
A G O L Q V S Y P J M T G Y C O R D E P Z I J O A
I W D M P C H F Z D I O S A F V N L Q G E R V Y Y
Z X S H J A S N W U R Z F L Z G P T F O I E D N G
V P E O Q L F G T K B V M U Y J H E A C S L P B M
N Y C M K I D O P Y G C Q R T D L W F P D Z J U O
B I G B W S U X S A M U E L I P N H I G K W M K I
H T O R J N F C H V L D K W F C S R V Q Y H X C S
Q D W E P S B V K I F X N A G L I D J N B Y I A E
C P K U R Y O L J G R Y V O I T C Q U F S F L R S
M E S H I F Q D U W H C Q L U D X S K Y G V O P V
I V D X N V T F D N P D U Z K E H V M A T E O R T
L G Y P G E Z C A I Y B O C A W Q F I V L Z J Q I
L A X W S A U K D V X P W T H L U Y N C K F D S H
O J F C M T B M Y T A Q B D M C X J X T C A K X O
N T H F V E H T G I Y Z P V F I E S Y O W V N F M
E R Q I K F Y Z B U E N A H O A Q P H D G Y J I B
B U Z M F O C U V A W C Q X T L D R A I Z H O C R
K Q O S Y R K Q M K D E K B W G Y H S U T Q L M E
C N K J O P T G L E S O J N A C S D O I P E C D I
X F D U H C D W F M P R I J X P Q R B F G K Z V B
E W G Q Z A I O H C K L Y V L E V I E N T O L J U
H P V F T K C Y J G I C G F S M F A K Y W Q D N I
O I D O I P Q L N P E D R O B U Y C D O D I O S A
```

Entretenimiento 4

Estudie en la Biblia los versículos, y busque los números en ordinales, y cuando encuentre el números en ordinales, escriba el número de ese versículo.

1 Gá 3:23-29: Busque el número 1, en ordinales "Uno". Número del versículo; 3:28.

2 Gn 1:14-18: Busque el número 2; _____.

3 Ap 21:10-11: Busque el número 3; _____.

Busque los números, de los versículos.

4 Jer 15:1-6:Busque el número 4; _____.

5 Mt 16:5-9: Busque el número 5; _____.

6 Dt 5:10-15: Busque el número 6; _____.

7 Gn 8:8-15:Busque el número 7; _____.

8 Lc 2:21-30: Busque el número 8; _____.

9 Jos 13:5-9: Busque el número 9; _____.

10 Dn 10:9-13: Busque el número 10; _____.

11 Hch 2:14-21: Busque el número 11; _____.

12 Lc 2:41-45: Busque el número 12; _____.

13 Est 9:1-4:Busque el número 13; _____.

14 Gá 2:1-5: Busque el número 14; _____.

15 Os 3:1-5:Busque el número 15; _____.

16 2R 14:18-22:Busque el número 16; _____.

17 Gn 37:1-5:Busque el número 17; _____.

18 Jue 3:12-15:Busque el número 18; _____.

19 2S 2:24-30: Busque el número 19; _____.

20 Neh 1:1-1: Busque el número 20; _____.

21 Éx 12:17-18: Busque el número 21;_____.

22 1R 14:15-20:Busque el número 22; _____.

23 Jue 10:1-2:Busque el número 23; _____.

24 Hag 2:20-23:Busque el número 24;_____.

25 Nm8:21-24: Busque el número 25; _____.

26 1R 16:8-9: Busque el número 26; _____.

27 Ez 29:17-21: Busque el número 27; _____.

28 2R 10:30-36: Busque el número 28;_____.

29 Jos 15:20-35: Busque el número 29; _____.

30 Lc 3:23-38: Busque el número 30; _____.

311 R 16:21-28: Busque el número 31; _____.

32 Neh 13:1-12: Busque el número 32; _____.

33 Gn 46:7-15: Busque el número 33; _____.

```
5:1 3 9 (3:28) 0 7 4 1:1
8 0 6 6 1 9:6 3 5 9 0 4
1 3:2 4 0 3 7 2:2 1 9:7
6 9 7 1 8 9 2 0 8 6 4 1
0 4 1 2 3:1 4 6 1 4:2 0
3:2 3 9 0 8 2 9 0 8 5 9
8 6 1 5:7 4 1 3:6 2 7:1
0 4:9 3 9 2 0 0 9 4 0 3
9 8 2 6 2 9:1 7 5 1 6:9
1 3:7 0 4 6 2 9 3:8 3 7
6 9 1 9 8 2:1 4 4 0 5 1
0 4 8:3 0 6 9 7 3 7 9:9
2:1 6 9 5 7 2:2 0 1 4 7
8 4 0 3:8 9 1 4 6 3 6 9
1 4:2 1 6 0 7:7 5 8:1 2
9 7 8 0 2 1:1 3 2 3 6 0
6 0 9:6 4 7 5 8 6 1 9 8
1 2:1 8 0 5:9 0 1 0:3 6
8 4 7 9 6 1 7 2 7 9 8 1
0 1 5:3 2 8:0 1 6:2 3 0
3:7 9 0 5 3 9 3 1 8 5 9
9 4 1 8 2 7 1:1 2 6 7:1
0 1 6:8 5 9 0 8 4 9 0 3
8:4 9 3 1 7 2 4 6:1 5 8
2 8 0 5 9:9 0 8 4 3 6 0
1 5:3 7 4 7 1 9 0 8:2 4
7 9 2 9 1 0:2 7 5 9 6 1
0 5 0 4 7 5 9 1 0 7 8:3
1 3 7:2 9 3 7 4 2:1 5 0
9 7 9 6 0 6:9 8 7 9 3 7
2:4 2 7 4 2:3 0 5 1:16
```

Entretenimiento 5

Busque 50 Jehová.

J K N G J E H O V A U J E H O V A S R F J E H O V A K I J
A E V D S F P M X L G I R N Q B T I X U B K G T C N Q L E
Z C H Q U K T V J N B K C F K I G P D M I L F W V Z R S H
M P G O D I B N E R Q J E H O V A X Q Z A V O H E J U B O
J F X L V C P U H G S M V D N E W K B U G K X P Q D N T V
E B J K H A T Z O F X R L U P S F U A H J V F J O J W C A
H V E D C V L S V J E G K A X J M B R F W Z B L E N F U Y
O D H R S O M X A C V T V Z R E I P J L S D G H K H V T V
V B O T Z H Q P R G I O M S Y H S L E U F M O C J B O L I
A K V I D E S U N E H Q V A Q O F J H Q B V E S Z N T V D
R D A P B J H T X E L X J S G V N S O R A X D G H U P F A
H S F Z K C G U J T R B E T V A H V V T W E M Q L C K O Z
J E H O V A S B M Q A V H N A L S D A U F S V R Y T H W D
Q V D H P N Z F U C J W O F K D W T P N J E H O V A N U J
Y L J N W B I G T M K P V X O C L Q Z E K C M F Z S X B E
J A E C Q J E H O V A U A G M J V S H B G L P T D I K V H
E K H U S D N W F R L B Y T F I B O R U A J W V B A Y L O
H F O I R A G C Q J E H O V A U V Z M D S E O I W V C X V
O L V W Y M J O S K Z P F G D A B P J J I H R F Z O U N A
V Q A X A I K E V N B U J I K S N G E K C O T M Q H R D S
A K D C F V G M H D R J E H O V A L H B L V P G Y E U F W
Z I J U L R O Q W O L Z V F P R S M O R U A D K S J X L O
P W E D Y I P H T B V N X J U B Q F V D G J I V N C Q A V
J R H V F G S N E L I A K O H T J W A H U Z T J W D V P W
E C O X T A B W Z J C G M S W A X E R D S X E B Z O S R J
H L V D J M Q H P Z F U D J E H O V A N J H Q Y H A U E I
O S A I Y G L A K V W T K P E I G D F G O B G E F T H K L
V G B W P U V R D I J E H O V A U T C V L U J W B O N X V
A M J E H O V A X C Q V L T C J Y I A K Z R I S V R Z I J
D I K Q H S F P W S A N J H M E P W Q S U F O A T Y C U E
W G P E W C N J U Z D E S G K H R N V H T J Q L N V L W H
A R J L X A E K Q W H X A F D O E Q A M E I E S H D K R O
V T I U F H V F T O R U V I Z V G L K H C W V H U F G I V
O B N Q O B D C V B J F O Q J A P M O F Y R K C O Q X L A
H S H V G G Y A D S M P H S X T N V U S G T B Z S V H K O
E M A D Z Z B U L G C Y E Z B P A Z B I P K D M U F A G Y
J V O J E H O V A K Q V J O F J E H O V A C J E H O V A S

Entretenimiento 6

Combine las palabras que están completas, con las palabras que no están completas. Y completarlas. Por ejemplo "Jehová" __ __ __ __vá.

1 Jehová	R__ __a	35 Santuario	B__bl__ __
2 Aarón	I__ __ __ __l	36 Sacerdocio	__os__ __ó
3 Sobre	__a__ __ __s	37 Figura	E__ __ __ __ __a
4 Extendió	__ __ja__ __	38 Ordenanza	Tu__ __ __ __e
5 Grande	__ __ __ __vá	39 Primer	__ __o__o
6 Faraón	D__ __ __	40 Pacto	__a__t__a__ __ __
7 Espíritu	__ __ __é__	41 Abrogado	S__ __ __v__ __
8 Santo	A__ __ó__	42 Adora	__e__e__ __ __ __e
9 Hijos	__ __ __ú__	43 Sellos	__r__ __ __r
10 Israel	T__ __rr__	44 Esposa	__ __z__ __ __
11 Familias	__ __m__ __e	45 Omega	I__ __ __ __ __ __ __o
12 Jesús	S__ __ __e	46 Alfa	S__c__ __d__ __io
13 Guerra	__ __fu__ __ __	47 Biblia	B__ __ __rr__
14 Dejará	__x__ __ __ __ __ó	48 Noche	__ __ll__ __
15 Mano	G __ __r__ __	49 Siervos	C__ __ __ __ __l
16 Dios	G__ __ __ __e	50 Estadios	F__ __u__ __
17 Refugio	__ua__ __ __	51 Cristal	S__ __ __ __ __os
18 Ciudades	H__ __ __ __ __ __	52 Jerusalén	__a__ __o
19 Hablando	F__ __ __ó__	53 Mostró	__ __f__
20 Cuando	__ __vi__ __ __á__	54 Siete	__ __ __ro
21 Dividirás	__ __pí__ __ __ __	55 Muertos	A__ __ __ __a
22 Nombre	C__ __ __ __ __s	56 Entregó	__ __ __ __ __e
23 Muchos	__ __bl__ __ __	57 Lágrima	D__ __ __d
24 Entrañas	S__ __ __ __o	58 Fuente	__b__ __ __ __do
25 Madres	H__ __t__	59 Tuviere	__u__ __t__
26 Angustias	__ __ __ __zó__	60 Juzgas	O__ __ __a
27 Roca	__ __ __cio__ __ __	61 Corderos	__o__ __ __r__ __
28 Cielos	__ __jo__	62 David	__r__ __n__nz__s
29 Oraciones	__ __ch__ __ __	63 Libro	N__ __ __e
30 Corazón	__ __ud__ __ __ __	64 Trono	__u__ __t__
31 Rubén	__ __gu__ __ __ __s	65 Semejante	__á__ __ __m__
32 Hasta	__ __ __ili__ __	66 Sentados	E__ __ __d__ __s
33 Hierba	M__ __o	67 Becerro	__n__ __ __gó
34 Tierra	__ __ __ __añ__ __	68 Incienso	J__ __ __ __ __ __lén

Entretenimiento 7

Estudie los versículos en la Biblia, y busque las palabra, y cuando la encuentre, escriba el número de ese versículo, al lado de esa palabra. Por ejemplo "Salmán 10:14"

1 Os 10:1-15 Salmán _10:14_ , Ajenjo _____.

2 Ap 12:1-13 Vencido_____, Tercera _____.

3 Abd 1:9-12 Juzgar _____, Jactado _____.

4 Jud 1:11-25 Ondas _____, Poderoso _____.

5 Gn 33:7-20 Fatigan_____, Sucot _____.

6 Sal 32:1-11 Justos_____, Confesaré _____.

7 Dn 12:1-13 Sacrificio _____, Cierra _____.

8 Jn 17:11-26 Guardaba_____, Escogió _____.

9 2Cr 14:1-10 Extraño_____, Lanzas _____.

10 Ro 10:12-21 Moisés_____, Escrito _____.

11 2R 16:15-20 Pecados_____, Reinar _____.

12 Sof 2:10-15 Nínive_____, Seréis _____.

13 2Jn 1:1-13 Hermana_____, Regocijé _____.

14 Gn 13:1-13 Plata _____, Fundación _____.

15 1Cr 19:3-13 Amonitas_____, Jericó _____.

16 Mt 19:23-30 Camello_____, Postrero _____.

17 Lv 25:41-51 Jubileo_____, Esclava _____.

18 Ef 4:4-17 Promesa_____, Rodillas _____.

19 Lm 4:1-14 Fuego_____, Avestruces _____.

20 Sal 99:1-9 Fuiste_____, Gloria _____.

21 Lc 5:1-8 Agolpaba _____, Rompió _____.

22 Gá 5:3-15 Amarás _____, Espíritu _____.

23 Jer 1:14-19 Príncipes _____, Dioses _____.

24 Ez 38:1-19 Garfios _____, Siervos _____.

25 1Ti 1:1-7 Fabulas _____, Doctores _____.

26 Esd 6:1-9 Sacerdotes _____, Ofrecer _____.

27 Col 4:1-6 Templo _____, Oración _____.

28 Job 39:7-27 Búfalo _____, Remonta _____.

29 Mr 2:13-17 Alfeo _____, Seguido _____.

30 Jue 7:1-6 Lamiere _____, Mañana _____.

31 Sal 150:1-6 Júbilo _____, Bocina _____.

32 Ec 5:1-7 Acércate _____, Vanidades _____.

```
10:1 4 9 5:7 0 1 7:24
6 8 9 1:1 8 3 9 5 2 6 0
2:1 4 6 3 3:1 7 0 9 9:4
9 6 4:1 1 9 6 2:1 5 2 6
1 0:4 7 2 5:4 4 8 0 5:1
8 6 9 0 8 7 9 1 2:1 1 3
1 1 5 0:3 2 4:2 0 6 3 7 9
9 7 2 9 1 6 8 9 1 9:3 0
1:2 1 6 3 9:2 7 5 2 6 1
0 6 1:1 6 4 8 3 1 0:1 5
7:5 6 8 1 5 0:5 7 3 8 1
1 8 7:1 9 3 7 4 1 9:24
6:3 9 0 1:1 3 2 6 0 4 1
3 1 2:4 8 9 1 9:5 7 3:6
6 0 4 7 5:6 3 8 0 1 6 8
3 9:9 5 0 4 1:1 3 9 5:5
4 1 6 2:1 3 6 4 7 1 3 0
9 9:8 4 6 8 1:1 2 8 4:5
7 2 0 1:2 4 8 5 7 9 1 3
6:9 4 6 9 0 1 2:4 7 5:1
9 0 3 8:1 7 9 6 8 0 3 6
4:3 5 0 2 3:1 4 1 3 8:4
0 1 3 3:1 3 8 2 7 9 5 9
1:4 1 5 9 1 6:1 5 6 1:7
4 6 3 2:1 1 9 7 9 7 0 2
1:4 9 6 0 3 7 1 3:1 1 4
6 8 3 2:5 7 5:1 4 9 5 7
2:1 2 7 9 4 3 8 1 6:19
8 4 6 9 1 2:1 1 6 8 3 6
1 7:1 2 4 9 2 5 2 5:50
3 4 8 0 1 4:8 1 4 9 7 3
1 9:1 1 6 6 0 6 1 0:19
6 0 3 5 1 3:2 4 7 3 5 7
```

Entretenimiento 7

Busque toda las palabras o nombres, que busco en la Biblia, en la página 7. Por ejemplo "Salmán". Y márquelas.

```
S A L M A N V J A C T A D O W X J U S T O S H P Q D L J B S
O Y F W T P Q L Z G Y U M S K F Q E N V A K G E W O N E X U
L X U R E I N A R F K C I E R R A F W C Y D I C J C Y R K C
A C G L Y K D V M O E W Q P T V G S R V P J K A L T M I F O
N Q S E R E I S J L S H A Y O N Q I B M L U Q D F O Z C W T
Z P W T O N G U P Z C K F G D L F P J K W H X O V R G O A Q
A L A J E Y S A R M R F U T X I A V Y T G N P S L E Y T H P
S W V K S F I C O V I S E W C F R O M P I A Q J F S M O K O
I N E Q P W E S D J T Y G I L J U K Q L W N R B K P U F W S
Y G S A I X R B I K O P O B A T E R C E R A T O X D A R G T
E B T W R D V Y L S X F V N W H D P Y S Z K G C M I L L E K R E
S L R J I K O P L A M I E R E G B U F A L O V I Q O J C V E
C H U P T Q S C A G J K W Q J L Y K J T Q F W N F S Z E T R
O Q C N U Y W H S P O F U N A C I O N V R H Y A P E C R H O
G V E J K G F R Q T C H R Y P G R W H P Y J X L G S M K Q W
I W S L F A B U L A S Y S E G U I D O E S F C T W D X J F L
O U P J N S P W Y F K V N J K D T F L G A N K Y R H O V S G
R K N A C E R C A T E X Y V A H Y C M T P W F U I S T E Y
G E Y Q V G O J V M H R W E O G S U I K Z V S J K M J L Z A
S P X I M A Ñ A N A L V S N P B J G W F A M O N I T A S G R
W N L T K F P Q T O G A K C L Q A M D P R Y X G W R H N C D
G C J U R W S M E C U N R I F N H K J U B I L E O U F Y K A
A M H Z Y A F G K A J I T D W G X Y L W N P Y K J G D L V B
R Q P S L V Ñ D P M S D Q O L J S A C E R D O T E S W P Q A
F V W J F C T O R E W A V B S E K I V B T H U F N A D R F H
I K Z K T H M Y I L X D Y U M O G K P S W M O P K Q Y O K U
O C A M A R A S K L N E T P D H R T F A K Q R G E V B M T C
S N Y P L W V G F O H S V R J A U E S D V Z A J S L W E P O
Q F H X R Y N B Y R A W K I Z E G V D N Y U C T C Y K S H N
M K E A E W I L J P T D Q N D S P R K O U G I F L R Q E U F
O B R G M S N F U K E R L C O U M W Q G P T O W A M A P G E
I Y M P O Q I X B S M B V I K T D S Y L F Z N S V Y L J B S
S U A L N K V R I Z P J A P H G L O R I A V W D A T F W K A
E Z N W T F E G L W L D N E R X V N W J E K G U I X E N V R
S C A I A M Q H O Y O U F S Y A G O L P A B A H R W O Q M E
H R Y K P D U B T M S K T L Q H M B S F Y Q U M V P K S U T
A J E N J O S Z R E G O C I J E S U P L A T A S J U Z G A R
```

Entretenimiento 8

Complete las 15 palabras, que no están completas, usando las 15 palabras que están completas.

En la página 10 Busque las 15 palabras o nombres, que completo. Y márquelas.

JEHOVA   JESUS   ESPIRITU
I_ _ _ _ _A   D_ _ _ _ _A   A_ _ _ _S
ANGELES   DIOS   EMANUEL
D_ _S   R_ _ _O   S_ _ _ _ _ _ _N
SILOH   REINO   SALVACION
J_ _ _S   J_ _ _ _A   A_ _ _ _ _S
AMADOS   DIESTRA   HADES
E_ _ _ _ _ _U   E_ _ _ _ _L   I_ _ _ _ _ _O
INFIERNO   FUEGO   IGLESIA
F_ _ _O   H_ _ _S   S_ _ _H

1. ¿A una mujer, Dios le cambio su nombre? _____.
2. ¿Que es el significado, para lazo en la Biblia? _____.
3. ¿Cuál fue el nombre, de Josué siervo de Moisés? _____.
4. ¿Que es el significado, para arroyo en la Biblia? _____.
5. ¿Cuál fue el nombre, del hijo mayor de Jacob? _____.
6. ¿En qué ciudad fue, que murió Israel? _____.
7. ¿Jesús tuvo hermanas? Sí no _____.
8. ¿Quién fue el que cayó, como muerto, y Jesús puso su diestra sobre él? _____.
9. ¿Cuantos más discípulos, fueron lo que Jesús preparo? _____.
10. ¿En Sodoma y Gomorra, cuantas ciudades más, la que fueron destruidas? _____.
11. ¿Que es el significado, para Sion, en la Biblia? _____.
12. ¿Cuál fue el hijo menor, de María la madre de Jesús? _____.
13. ¿Cuántos hijos fueron, lo que tuvo María, la esposa de José? _____.
14. ¿Cuál fue el nombre, de la esposa de José, hijo de Israel? _____.
15. ¿Cuantos años tenías José, cuando sus hermanos lo vendieron? _____.
16. ¿En la Biblia, hay un significado, para estrella? _____.
17. ¿Qué tiempo fue, que estuvo Noé, dentro del arca? _____.
18. ¿Cuantos capítulos tiene, el libro de Ap? _____.
19. Abraham tomó otra mujer, ¿cuál fue el nombre de esa mujer? _____.
20. ¿Cuál fue el nombre, del secundo hijos de Noé? _____.
21. ¿A qué discípulo fue, que Jesús lo llamo, Cefas? _____.
22. ¿Cuántos fue el nombre, de la esposa de Moisés? _____.

Entretenimiento 8

Las palabras que no estaban completas, en la página 9, búsquelas en el cuadro dos veces. Y márquelas.

```
J O V A P B K I D G U E Q J I O L R C M Z S H R E I N O T
E E C L Y J E O R B H W P A N I Q T E K D W U N Y G C K E
S M H D Q Z U P F H S M V L F P G K R X T B J H Q L F N S
U P W O I G D M T A Q C X O I W A F J P Y O K V C H D G I
S C Y N V T A J O D N P K S E V H Z L M Q D G A S F J P Z
D Q L B M A L I Z E Y W V B R C S Y T Z S W S I L O H N V
J A V R G X W Q F S A R C G N X P N O B F H C T N B K Q I
K O S N P H T D P U L I J W O V D K E L M P Q U G J L S N
W C I D B V F G E Y P J M U C P T N S F A V N S C H G E F
L P U J M T X L A K Q B O D S E I L P X H F P D W F P R U
A Q K Z D I E S T R A W L V A G J O I B I G L E S I A M E
D G I U W O N F K U G Q Y E L K N U R W K P X A C N P D G
I P C R V L D J N S H M L I V F G S I D T L M J H L K F O
O F Y H G V T Q L W X P K D A Q D C T V O Z I D V W U M J
S W L E M A N U E L O J E R C L X H U N Y H A F T B S A I
V B J Q X K P C M Z F G A U I I P M F I B G S X M O Q Z R G
T P F S O J N D G H C N Y K O R J T Z D L P C D A G N H U
E G U M Z W Z F S N G I F J N C E G V O H Q M I F D R P J
K H C I A D Y C K E L S Q B H U S P J M A W B T Z A O S F
V S Q G F T P I L N W Z D V L K U F Y K D I P X C J I S Y
R D J L K U Y E G O T A F X N D S M H C E G U K F W N L M
E W N E V C S J K H R C U D Y L P K D A S B J T G C O P R
I P X S O F N Q U J D U E I B R N L P M R L P Q E L V S X
N F L I D J V Z T E S F G K J I N V H E J Q U S M I D N T
O Q M A Z B K P I K D J O G C W G F S C N D K J A W Y Q M
B Z C T P W S U Q B M P L S D J E H O V A J D P N B K F S
U J G E H E Y D L W U D F Q H K P N I X G Q K O U G I T D
I P W N F Q J N X C Q Z A M C G U D F T E L A J E M X B I
Y D P K S I N F I E R N O W V F N L S N U G B P I L G R Y E
R X F O D G T C A H P C L R Y D J A H D C R V L N B P F S
A L M U A L M J P F D M X E G P T L S Q Z S M Z U F J N T
Q V E P W S K Q S L T K J W C K I V O B L P F W Y L S K R
F Z J S L P X V B N C G P Q A M Z A M T F D I O S P Q D A
H K C W I E S P I R I T U L H J R C K G V A Z B M I Z J F
O Y E A D Y F C L V E C V S O U X I Q W L D R G L Y A R U S
L T N U J U T Z M S J N I D W C M O J M V J H V K C W G S
I P D G H B W C V B X U K P F J Y N D P T K F P X D F M J
S X R M X Q D I X A M A D O S V L S F X U L A N G E L E S
```

Entretenimiento 9

Las palabras en los dos cuadros grande, están divididas. Usen las palabras del medio, para completar las palabras, en los dos cuadros grande. Y márquelas.

Cuadro izquierdo (encabezado: I N M U V E S)

```
ERRA   PRO
NO          DO
        MA
RA  UI  ME
LEVI    REU

FUE   CADO
ZON   TIEM

DEN   QUIE
BRA   ISRA

OS  JE  SA
HO  SI  DA

JEH  AIRA
LIB  TERO

TEM  CION
RU   NO  AL

TO  YO  PO
CA  NO  AN

D   L   G   G   D
AD  OA  LO  O   C
D   SR  O   C

H   SP  C   E
R   TU  OR  ST
R   OE  R

D   VD  EJ  A
E   OI  J   N
S   RO  I
```

Cuadro del medio (superior)

```
INMUNDO 1    2 DIOS
CORDERO 3    4 SOTO
VESTIDOS 5   6 CASA
LEVITAS 7    8 SION
ERRARON 9   10 JUDA
PUEBLOS 11  12 SEAN
PROFETA 13  14 HORA
ORACION 15  16 AMEN
INJUSTO 17  18 VINO
AIRASTE 19  20 MANO
PALABRA 21  22 DADO
HERMANO 23  24 TUYO
PORTERO 25  26 OBRA
REUNION 27  28 AQUI
CORAZON 29  30 DAME
```

Cuadro del medio (inferior)

```
JEHOVA 31   32 JESUS
ISRAEL 33   34 SALIA
TEMPLO 35   36 ALCE
LIBANO 37   38 FUEGO
DENTRO 39   40 HADES
VORVER 41   42 RUBEN
PECADO 43   44 DIOS
TIEMPO 45   46 TRONO
CIELOS 47   48 ANGEL
GLORIA 49   50 PODER
MALDAD 51   52 LUGAR
QUIERA 53   54 SADO
ESTABAS 55  56 EJIDO
```

Cuadro derecho (encabezado: N D O T I D O)

```
JU  SE  AM
INJU    STE

DI  DA  DO
AQ  VI  SO

OB  DA  TU
DERO    OVA

NION    ABA
FETA    PLO

MANO    MAL
PO  SA  EL

PE  SE  ON

CORA    SUS
PALA    TAS

BLOS    RIA
RA  RA  GO

NO  LU  SA
BEN     TRO

RON  DC  O   LI
     RE  EI  RA  IA
     RE  A

V   GA  P   C
    EN  O   CEN
ER  LO  R

TRO         HA
```

11

Entretenimiento 10

Busque en todo los lados, el número 777, 70 veces. Y márquelo.

Entretenimiento 11

Busque estas palabras, en el cuadro, en la página 14.

AMEN	ALGUNOS	DIFERENTES
BABILONIA	TESTIMONIO	APOCALIPSIS
PLAZAS	TIERRA	ARROJADO
CONFORME	VAMOS	SERPIENTE
DIOS	POSTRARON	SELLOS
LOT	RAAMA	DEVOLVIERES
ABATIDOS	JESUS	ESTEN
QUIERAN	AZUFRE	SANTO
SEM	SOTO	REYES
CRUCIFICADO	SUSTENTADA	AMOR
ACONTECIO	ORIENTE	ANDARAS
DESATAR	ENTREGADOS	SOBERANO
IGNOREIS	VICTORIA	CASA
DEJARON	ZOAR	ANTIGUOS
UNGIDO	OPONGAN	VENDRAN
BOCA	PIES	SANGRE
BUENO	SABIDURIA	GOG

Complete todas las palabras, usando las palabras, del lado de arriba.

A_ _N, AN_ _GU_ _, _ _GU_ _S, _AA_A, _ _BE_ _NO.

P_ _ZA_, D_FE_ _ _TES, _RR_ _ _DO, SA_ _O, R_Y_ _.

_ _ _GRE, U_G_ _ _, C_ _A, B_B_ _ _ _ IA, _ZU_ _ _.

_ _TRE_ _ _ _S, _C_ _ _ _CIO, _ _LL_ _, OR_ _ _TE.

_ _ST_ _ _ _IO, C_ _F_ _ _E, D_V_ _V_ _ _ES, P_ _S.

QUI_ _ _ _ _,D_ _S, AP_ _ _ _ IP_ _ _ _, _ _ _ _RR_, _O_ _.

SUS_ _ _ _ _DA, S_BI_ _ _ _A, D_J_ _ _N, IG_ _ _ _ _IS.

P_ _TR_ _ _N, S_ _O, OPO_ _ _N, _BA_ _DO_, J_ _U_.

AN_ _ _AS, VI_ _ _RI_, SE_ _I_ _TE, B_ _A, V_ _ _S.

A_O_, VE_ _ _AN, D_ _A_A_, E_T_N, C_U_IF_CADO.

BU_ _O, Z_ _R, _ _M, L_T.

Entretenimiento 11

Busque todas las palabras o nombres, de la página 13. Y márquelas.

```
D I F E R E N T E S A L S O B E R A N O D Y A M O R Z O A
Q A P C U G V J M D X H W F N C Q Y V R P G L B J F U N I
W T Z I G N O R E I S B G O G K D J L M E O W H C N T X G
B L D K X U C Q M U Z T L F J C A N D A R A S G P I O L E
A M P O V R S J B F W A D I O R X G U H P Q E I G W Z K S
B U L G W E N C U N H R L S D J T A K N B K C U D L H I T
I D A P C Y H Z E I B R P U A X I Z O E R T O G N S T B E
L T Z L J E V K N Y S E F H J P D U G T W S B L Y A Q J N
O E A W V S D G O U Z I C L O Q J F K N A M I S C N L D I
N J S H K F Z M D C A T D S R U L R X E D P L A J T Y A E
I Q P N V W C L Y J Q H F N R P G E Q I T I B N Q O M D N
A W A C O N T E C I O U P X A D J Y A R W E L G D S K H T
X L F J V F Y D Q M K S J D C H Z P N O U S C R Z M R Q R
D I O S D W L A S J H V T P Z Q F J S H N P K E L Q B G E
G P L Q N S J X C R U C I F I C A D O B Q H G R S U N X G
H T A U G E M Y F T A Z B K P L W N J S C A S A V I Q L A
S V L D J R Q A L G U N O S N F L Q I Y M R U C X E F H D
U O G V L P N Q D X C H R I S W D N S U F J A N Q R P C O
S H D S N I G T Z B P U D W A N E K I V T Z P L S A F V S
T N E C Y E C L O S M R P Q B L S V X I W N O R Y N H C P
E U J L K N D Z A Q E A L S I D A J N C T Q C M V F S W N
N I A Z I T C V R G S A Z C D K T E U T F N A Q P I D J C
T C R Q N E A L T D F M H X U O A G I O W U L W G O V X O
A K O D W P X U N Z L A D F R C R N P R S D I N Z D Q I N
D J N O L J H G P Q P C H Y I U G F L I X Q P W C I A U F
A Q I B S V P I C O V K J N A K Z W C A T O S J V G P C O
S V W P F G X Q N L S A D P U D M E N V D L I D X N J F R
O P O N G A N F J E C T O I Q J E S U S Z S S V B U C K M
K J L Y F L D P R W U L R P Z H C K W I N U D J I Z D P E
N B X K T Q C E U H A S D A I D Y R Q X T C M K F G A S L Y
L J S E M A I J N V C Q I Y R M G W S E L L O S I O B W Y O
O I Q P J V K D W E H N C L U O S Z M X V R Q U C L A N O
T Z L W L S B G X N Z D F V P H N I D F S I C T G I T F V
G P B O V X F J H D L B O C A F W C U V A M O S Z N I S N E
I N V J P K H N L R U P T F N Q D L Z J N D W N J C D A E M
K E R Q N Z T I Q A W X M A I L Y A P Q L H C I Z G O K M A
D L H S O T O C V N O T E S T I M O N I O N U F Y H S X A
```

Entretenimiento 12

Estudie en la Biblia los versículos. Y complételos.

1. Gn 1:1 En el _____ creó _____ los _____ y la _____.

2. Gn 1:3 Y dijo Dios: sea la _____; y _____ la luz.

3. Sal 150:3 _____ a son de _____; alabadle con salterio y _____.

4. 1Ti 1:8 Pero _____que la _____ es _____, si uno la usa _____.

5. Ez 4:1 Tú, hijo de _____, tómate un _____, y _____ delante de ti, y diseña _____ él la ciudad de _____.

6. Ap 22:21 La gracia de _____ Señor _____sea con todos _____. Amén.

7. Éx 31:12 Habló además _____ a _____, diciendo.

8. Jos 4:2 Tomad del _____ _____ hombres, uno de cada tribu.

9. 2Cr 6:1 _____ dijo _____: Jehová ha dicho que él _____ en la _____.

10. Sal 98:6 _____con _____ y _____ de bocina, delante del rey Jehová.

11. Mt 19:2 Y le siguieron _____ _____, y los sano allí.

12. Ro 11:36 Porque de él, y por él, y para él, _____ todas las _____. A él sea la _____ por los _____. Amén.

13. Ap 21:1 Vi uncielo _____ y una tierra nueva; porque el _____ cielo y la primera tierra _____, y el mar ya no _____ más.

14. 1Co 1:1 Pablo, _____ a ser _____ de Jesucristo por la _____ de Dios, y el hermano _____.

15. Sal 92:8 Mas tú, Jehová, para _____ eres _____.

16. Is 40:29 El da esfuerzo al _____, y _____ las fuerzas al que no _____ _____.

17. Jn 6:34 Le dijeron: Señor, _____ _____ este pan.

Entretenimiento 12

En el cuadro, busque las palabras, que completo en los versículos en la pagina 15. Y márquelo.

```
L U Z T P A S A R O N S B U E N A Q J E R U S A L E N Z T
E O B M X D G K W U Z L T C S I C O F H J B K D X G H C I
G Y F E N T O N C E S A V R L D W N I N G U N A S L O D E
I D H J Z C Q A L R W L P O C J M F A D H E O T X F P M R
T P Q A L T I S I M O S N K S C T H O S C U R I D A D Q R
I C Y D K O F R U L Q P W H A O J V N G L T O Z F W U L A
M P V R X A Q L S F N G V D S M T Q D F W Y U A P K C N O
A G Q F M U L T I T U D E S K J H R A J X M C R I D T A S
M C I L O K B N P Q F G L Q C E V H O D F U P Q S W R N J
E P F U E Q L V O L U N T A D U A K C S J L V N I F O Q E
N H S D L V Z D J P W A L I M S L F G H D T K S E A M X S
T J W P Q A N Y C M U C O G F T A Q M E Y I N J M I P O U
E U S K Z R V G R A N D E S J R B C O A X P E H P W E L C
I J O R V P X L M Q V J I C Y G A E I J F L N Q R L T B R
K B N G H A U S A P O S T O K Y D P S D O I Z A E O A I I
C X L U D F P Q W M V X L N F J L Q E G Y C E S M C S Q S
O D J P Q X G D F J S A R H C Y E C S D N A W L P T Z B T
S I V A S U L P O N L O G S V A J K O I L F Z G B U F K O
A G K D O I C Q M F X T D M P R I M E R T H S O N I D O S
S W C Y L B N U E V O A F Q Y L C W T S J M X A V S R O I
I P U G E R J V G Z K S J C W P D G Z I F K E T H C L A T
K Q T D I O S N Y L O H X K S O S T I E N E S N G G I Q D
M C P X C F C T Q B C U F T I J N Q B L P A O K I W F G A
E Z A H Q S P K R I L A Q M J R E Y H D W L P S O Q C X N
N O Z C N W I E U Y N S L J D Z B O C I N A M U E D S R O
E W N A L D P N T D H C Y E K W G N E S J Q X C X E A G S
I Q X D F A X B V Q A G P H J H T O L M P Z B W I I L H K
T J P H O P M S F W B N D O P Q C A N S A D O A S Q O U D
P N S U G D I A P K I Z L V N U D K P Z U N I E T L M I P
D E Q L E W N L D C T V J A X B I W L E Q T Y A I E O L R
Y A N W C B F M Q J A M Q I E R G L O R I A O P A Z N G I
L N D P H V L C P Z R P O W L S N C X D U C H J E T A P N
E I F O M Y K D Y G I Y D F K I F V M L S D M U R M F H C
Y U C N B A J Q I C A B N L L A M A D O C F O P B W E S I
W T P L T E X P S I E M P R E F P K I W J N L Q M J K Y P
D O C E S H D C W V L H V H T W L Q B V F A G S O F N Q I
I W X L G S A B E M O S W P N U E S T R O X K B H U Y D O
```

Entretenimiento 13

Busque la palabra "uno" 85 veces. Y márquelas.

Entretenimiento 14

Las siete Iglesias de Ap. Usen la Biblia, para completar los versículos.

1. Ap 2:1, Escribe al ángel de la iglesia en _____: El que tiene las _____ es- trellas en su diestra, el que anda en medio de los siete _____ de oro, dice esto.

2. Ap 2:4, Pero _____ contra ti, que has dejado tu primer _____.

3. Ap 2:8, Y _____ al ángel de la iglesia en _____: El primero y el postrero, el que _____ muerto y _____, dice esto.

4. Ap 2:11, El que _____ oído, oiga lo que el Espíritu dice a las _____. El que venciere, no _____ daño de la segunda _____.

5. Ap 2:12, Y escribe al _____ de la iglesia en _____: El que tiene la _____ de dos filo dice esto.

6. Ap 2:16, Por tanto, arrepiéntete; pues si no, _____ a ti pronto, y pelearé cont- ra ellos con la _____ de mi boca.

7. Ap 2:18, Y escribe al ángel de la iglesia en _____: El Hijo de Dios, el que tiene ojos como llama de _____, y pies semejantes al _____ bruñido, dice esto.

8. Ap2:21, Y le he dado _____ para que se arrepienta, _____ no quiere _____ de su fornicación.

9. Ap 3:1, Escribe al ángel de la iglesia en _____: El que tiene los _____ espíritus de Dios, y las siete estrellas, dice esto: Yo _____ tus obras, que tiene nombre de _____, y estás muerto.

10. Ap 3:3, Acuérdate, pues, de lo que has recibido y oído; y _____, y arrepié- ntete. Pues si no velas, vendré sobre ti como _____, y no sabrás a qué hora vendré sobre ti.

11. Ap 3:7, Escribe al ángel de la iglesia en _____: Esto dice el Santo, el _____, el que _____ la llave de _____, el que _____ y ninguno cierra, y cierra y ninguno abre.

12. Ap 3:9, He aquí, yo entrego de la _____ de Satanás a los que se _____ ser _____ y no lo son, sino que _____; he aquí, yo haré que vengan y se _____ a tus pies, y reconozcan que yo te he _____.

13. Ap 3:14 Y _____ al ángel de la iglesia en _____: He aquí el Amén, el testigo fiel y _____, el principio de la _____ de Dios, dice esto.

Entretenimiento 15

Busque estas palabras, en el cuadro de la página 20. Y márquelas.

SOTO	CONTINUAMENTE	MALO
AMARAS	ESPIRITU	DESOBEDIENCIA
SUSTENTAS	RESTANTE	PROFUNDIDAD
LLAMAMIENTO	IRREVOCABLES	LIBERTADOR
EVANGELIO	PERMANECIEREN	RECOMPENSADO
DRAGON	TODOPODEROSO	MENTIROSOS
SALVADOR	DOMINIO	RESURRECCION
CONSOLADOR	INFIERNO	HIPOCRITAS
ANCHURA	DEFRAUDASTE	BENDICION
REALIZO	ENTENDIMIENTO	APOLILLE
JUICIO	RELAMPAGOS	ELIU
IMPIOS	AMON	EDOM
GAT	ABISAI	SUNAMITA
FILISTEOS	CARRO	RAQUEL
YUGO	DEBORA	BARAC
JOSUE	ARABA	JORDAN
BALAAM	ARROYOS	MOAB
BALAC	PECADOS	JUBILEO
ESCULTURA	CANAAN	HEREDITARIA
DUREZA	ABISMO	MANDRAGORAS
DIENTE	ACORNEADO	POZO
EXPANSION	SALTAR	ABEL
SEPULTARON	POSTRARON	MAYOR
SILOH	ENEMISTAD	MALDIJEREN

Entretenimiento 15

```
O I L E G N A V E H O D A S N E P M O C E R X Q D E B O R A
T P E V F J M I Q L L K U T O I W X E B W O N H S V G I D M U
N X U H B K A Z C J U I C I O E B N R D F A C U K J Y A W P R
E R Q L A D R G A N R E W P S X H T L O Q N P N R U H E I R O
I O A W L F A I R O E M K M D P C I Q M H C S A V B F N X O F
M H R U A T S P R L Y I J I G A V R H I F H U M Q I J R D P U
A Z D N C L J K O U Q C D P V N W O F N W U Z I C L B O Q P N
M Q R E L A M P A G O S T E L S B S Z I C R K T D E I C Q N D
A T G I V S R X F L B H P U B I J O V O Q A N A G O W A F I D
L P E N T E N D I M I E N T O O K S H D J Z S D L B U Y L I A
L O M U B J K C S P Q V D Z H N S U S E P U L T A R O N X D D
Q V C O N T I N U A M E N T E P Q E P W H B K I M H C V P A O
T A I F L D X K G B R H Y W C J V T D R C E N E M I S T A D O
O W S U S T E N T A S P D I E N T E O I Z H A V G W B U N O M
D N O H J C Q I D M V Z U J K R F W S A T I R C O P I H Q M A
O V E M B E N D I C I O N T O R M F C Q L D U K A G N Z Y A A
P U T I A K G F Y S P H M A A L A B F P O S T R A R O N J L O
O W S P E S P I R I T U K U C J F R D C W H N O F J A E K N E
D G I C V O K Q M V H N D E P O Z O M E S C U L T U R A Q X Q
E H L U D R A G O N J A R M G S F I X V I K F Q Z G A M Y I R
R Y I X U F P N T B S K H A B I S M O R G D W O V X B K I E I
O C F S R Q O W H T E G O V K N U P H A R J U I L E A C V I F
S Z K G E J L S E N U A R A B I S A I D O M S L Y G H S O F L
O O U I Z C I P A Q H T B F K J Y C P T D A M O A B K E X N I
Q C T M A V L O L M E W P E C A D O S N A H V D L Z F L W I G
M H J O R F L W I B R S D N X U I T B O V C A B E L J B N Q A
A K C V R H E J B N E U O Z I L A E R Q L G W K U G O A V M A
N U O I E Q X K E P D T W A Z V M C H B A I M O D E M C I A L
D H N P S V J O R S I M A R R O Y O S N S K Y F V R G O N L D
R T S V T F O D T K T C B Y L E J I Q T O U A M O N X V E D E
A K O I A G R U A F A O A H S G C K D M J C N R U B L E Q I I
G Y L E N W D J D V R I R V A H A Q M S O D Y U G O Z R K J J
O Q A D T J A U O X I G A T L U N U A G S O K H V F L R O E E
R M D I E K N B R F A P C K T H A F Y W U N S Q H O L I R S R
A F O G V B W S Y O D E L K A U A I O R E U C V K X A F J E N
S W R V P E R M A N E C I E R E N W R E S U R R E C C I O N
```

Entretenimiento 16

Usen cada letra, de todas estas palabras, en el cuadro, de la página 22.

PERDONARA	VOLVIESE	PERSEVERAREIS
VELABA	CONSTANTEMENTE	SOBRESALTARON
PREPARAR	LEVANTABAN	PONIAN
PRINCIPALES	DABAN	AMONTONE
DETENIAN	DERRAMABA	CIERTAMENTE
CAMINABA	RESPLANDECER	ANTERIOR
TEMOR	TRASTORNO	MONTES
MANOS	OJOS	NACIMIENTO
SALIR	HALLARA	LODO
VIENTOS	DICE	PRECIO
PESO	PLATA	APRECIADA
ALHAJAS	CAMBIARA	MENCION
MEJOR	PRECIOSAS	TOPACIO
ETIOPIA	PODRA	APRECIAR
DONDE	VENDRA	VIVIENTE
AMONTONE	ABADON	PREPARO
ESPADA	SACIARAN	LLORARAN
SOL		

Conteste las preguntas.

1. ¿A qué persona fue, al que le obligaron, a que cargase, la cruz de Jesucristo?_____.

2. ¿Jesucristo en la cruz, a qué hora fue, que el respiro y murió?_____.

3. ¿Jesucristo en la cruz, cual fue la primera palabra, que él dijo? _____,
   _____.

4. ¿Dos Discípulos corrieron, al sepulcro de Jesús, que discípulo fue, el que lleco ultimo al sepulcro de Jesús?_____.

5. ¿Quién fue el que pidió, el cuerpo de Jesús, cuando él murió, en la cruz? _____.

6. ¿Qué era lo que estaba escrito, en la cruz de Jesús? _____.

7. ¿Cuál fue la última palabra, que Jesús dijo, antes de él morir?_____,
   _____.

8. ¿A qué hora fue, que crucificaron a Jesucristo, en la cruz? _____.

9. ¿A Jesús le llegaron, a quebrar las piernas? Si o no; _____.

10. ¿A qué mes fue, que el ángel sele revelo a María? _____.

11. ¿Cuál es el nombre, del ángel que se le revelo, a María? _____.

12. ¿Que discípulo fue, el que calcaba la bolsa, del dinero de Jesucristo? _____.

Entretenimiento 16

```
C R A O R P I N A O A R L E A T N V E I A R O E O A S
L F Z Y Q F Z Y X W G X F Z F W G U F X W Y Q G U F C
O K U W X G K Q F U Z K X G U Q F K Y Z G F W X Y K A
E X F Z U Z X W Z Y X Q R E O U X W U K W G Z F Q W I
B Q Y G K W F G Q K F G P I A G F Q X F U Y F W X U N
R U Y X Q Y U Q Z X Y W A N L K Y U G Y X W U K Y Z M
A W G K Z K X F G U F E R P X Q K W Z F Q Z F G W A E
O F Q D E P A O S I E T A C E R O A E N A O C S Y X E
N Y Z N I R V L R C N R O V B P M I A R S P T R K F A
E Q W T P O M A T A S E A I E A T E O L A O I D U Q O
H W U K X W F Y F Z Q F A P N W G Q Y X K G F Z Y W N
V F G Q U Z Q X K U W G N O R Z K W F U Z Y Q U X F D
A Z X W Y A S G Z F Y X S A M F U Y X Q R T W K G Z R
N Y U K Z N O W U K Q Z C D E Q W K G F L A F Y U X A
E F D T O A E A S C U F O R T X Z R P B S E I P C K T
O W P A M I R P O A X W A M I G U P A I O N R S A Y N
C K U F Y C A F Y Z G K S V E K Q F W U C E Z U F G R
T X G W K N E W X K Z U E L A X W G Z X A D G W Y X E
A F Z Y X O T F U Y W F H N O F K U G K E N U Q K F I
L U Q G F S I G K X Q K A R D Y Z W F X R S K Y X U O
P K W Z Y E A U Z F G U T J N X U G Y F I D F Z Q W S
A F K U F G K W F U X Z O A R W Y K W K F U X F Y K E
D U X Q K Y Z Q G Y W K P I E Z G Y U Y G Q Y U G X A
M G Z W F S E X F X U Z R S N F X F X Q M T K W K U V
E F K Y G L T K Z G Q Y E M R U Z W G K R O G X F W N
A Z N E C E A N S E W F A B O K W E R A E N A R L Q A
I W J A R D V I O D U G V L C Y Q N I R C B O N P F O
R F K U G P M Z F W X Q N I E G K F Q U V N Y G U Y R
A Z X Y W B S Y W U Z F A P S F W U G K T E W X Q K E
T G Q K G E L X G Y Q W D R A Q Y K Z X M R U Z F U L
N F W X U T N G X K Z G T M H X G X F W I A Y K W G A
A K Z Y F J B W Q F Y X E C O K F Y U G S D F Q U K S
N U Q K Z G U Q W G K U Q Y G U W U K Z W Z W Z Y X I
E F X U W X Y F X Z F X Y K W Y X F X Q F U K X G F A
V B R A O T N E D I A N O R O A E I E N R T O A E P L
```

22

Entretenimiento 17

Busque las palabras "Dios" "Es" "Amor" en los cuadros, 26 veces. Y máquela.

Dios   Es   Amor

```
D I O S U T A K J D    E A X T O G K U S E    A M O R V L D W G A
X B I O N E S V I M    I S D L V B R H Y S    T C P J A M O R U M
W G K I F P D O Q L    P N Z C W E S Q J I    B X Y Q I K F O S O
H C X D A Q S Z B G    T A H A N G X T V D    U G D A W N J M P R
D T U J P V L W F R    C V G L K U B Y C E    I T M M M H C A B V
I Y S D I O S C K D    E Q S M D P Z H A S    Y O Q O S O U D L F
O K B G K I U Q B I    S B J C L E Q O W C    R V N R B I R W P K
S H M X P S D W N O    W M I E U K S V E N    S L Z A J W N F O A
W F D V O L A C F S    H E Q S A P T D S Z    B Q A H A M O R Y M
Q T R I J P U D M H    G B L X L E W A I J    F D M K U S P C I O
A Z D G O B X I F K    K J R D N O S U B Y    A J O X A M O R L R
I K H C V S W O R J    M U A P I Q L V C D    M S R L F Q G A V N
D U M F P L Y S I S    S E F S T X G N I O    O P V N A H K M Z O
I J O S A X B Z O O    Z N S O W E J K P E    R G U M T F B O J R
O G C O N K V I K I    B P G U Q S D L Y E    W A O I Q A K R X O
S H E I L U D F N D    E T D I M A F G U S    T R S V L M C D H M
J B P D R M C Q V A    S F J O K H Q N L J    Q N B J A O Z F K A
A X K G I O V H W N    W H A K X D E X C R    U X C M P R I G N Q
W Q Z U T O B S X L    L C E G L S T F M E    W D O G Y L A D H V
D I O S A Y S O I D    B S F M P R V G I S    N R B K J V M F X A
V R C M G E H L T W    U K A Z E W O U Y D    K J P A Z U O B I M
J D L K D N X S B P    I G R V S B D E W N    H V F M G W R D C O
K I A Q I J Z O U D    N L O T J A S X S F    A C Q O L E X P N R
G O H T O Y C I F I    K E S Q C P M G H L    M W P R I B Y F G U
X S N B S L M D Z O    H V B F W Z I O Q A    O K B V J A M O R E
U W D O P O R A G S    U O R D G E A N T E    R Q H R N F X K I A
L K I N K C I T V J    T A E C V B X E O S    L F O W P S G C V Z
H D Q Z D W X D Y B    L F S Q K U H S U F    T M C E U L R O M A
G R A M I O H F L S    J O I L A C W N I Q    A D V A B J Q F D H
T S J B O P Q U K O    K B M V T R Y D P E    W H M O M I W N P G
K W I K S V D G Y I    P Q F J V O U H E C    Q O P V F O E Z R D
S O I D A M S O I D    E S A G E S L X S N    R I U N X C R L K M
```

Entretenimiento 18

Escriba el nombre de las personas, la cual un ángel, les habló.

1. Y la halló el ángel de Jehová, junto a una fuente de agua en el desierto, junto a la fue-nte que está en el camino de Shur. ¿Quién fue esa mujer? _____.

2. Y escribe al ángel de la iglesia en Pérgamo: El que tiene la espada de dos filos dice est-o esto. ¿Quién fue el que escribió eso? _____.

3. Pero el ángel le dijo: _____,no temas; porque tu oración ha sido oída, y tu mujer Elisabet te dará a luz un hijo, y llamará su nombre Juan.

4. Entonces Jehová dijo a _____: Por qué se ha reído _____ diciendo cierto que ha de dar a luz siendo ya vieja.

5. Yse le apareció el ángel de Jehová en una llama de fuego en medio de una zarza; y él miró, y vio que la zarza ardía en fuego, y la zarza no se consumía. ¿Quién fue esa perso- na?_____.

6. Entonces el ángel de Jehová habló a _____ tisbita, diciendo: Levántate, y sube a encontrarte con los mensajeros del rey de Samaria, y diles: ¿No hay Dios en Israel que vais a consultar a Baalzebub dios de Ecrón?

7. Entonces _____ dijo al ángel: ¿Cómo será esto? pues no conozco varón.

8. Viendo entonces _____que era el ángel de Jehová, dijo: Ah, señor Jehová, que he visto al ángel de Jehová cara a cara.

9. Y cuando el varón vio que no podía con él, tocó en el sitio del encaje de su muslo, y se descoyuntó el muslo de _____, mientras con él luchaba.

10. Mi Dios envió su ángel, el cual cerró la boca de los leones, para que no me hiciesen daño, porque ante él fui hallado inocente; y aun delante de ti, oh rey, yo no he hecho n- ada malo. ¿Quién fue esa persona? _____.

11. Y dije al ángel que hablaba conmigo: ¿Qué son éstos? y me respondió: Estos son los cuernos que dispersaron a Judá, a Israel y a Jerusalén. ¿Quién fue esa persona? _____

12. Mas un ángel del Señor, abriendo de noche las puertas de la cárcel y sacándolos dijo ¿quiénes fueron esas personas?_____.

13. Y vio a dos ángeles con vestiduras blancas, que estaban sentados el uno a la cabecera y el otro a los pies, donde el cuerpo de Jesús había sido puesto. ¿Quién fue esa persona? _____.

14. Hecho tanto superior a los ángeles, cuanto heredó más excelente nombre que ellos. ¿De quién es que esta ablando?_____.

Entretenimiento 19

JEHOVA
SOBERBIOS
EXALTARE
TESTIMONIOS
CORAZON
DESVIARME
DESTRUIRE
RODEARON
ENGRANDECIDO
ESPACIOSO
PROSPERAR
DETERMINADO
PROCLAMADA
BELLEZA
GOBERNADORES
CUERDAS
JACINTO
CASA
BIGTA
CORONA
PODEROSOS
ESPIRITU
MUSICOS
OMNIPONTENTE
PERROS
PRESENCIA
HUYAN
TABENACULOS
SILVESTRES
IRA
ALMA

JESUS
MANDAMIENTOS
EXCELENCIAS
CAMINOS
ESTATUTOS
LABIOS
SIDONIOS
ALABANZA
FIDELIDAD
TEMERE
PUEDA
MARDOQUEO
PUBLICASE
PRINCIPES
EVA
MARMOL
ASIMISMO
SEPTIMO
JESUCRISTO
REGIA
INSENSATEZ
HUNDIDO
PLUMAS
NEVADO
LENGUA
EXALTAD
LANZARAS
ALTURA
FRENTE
SION
PENSAMIENTOS

RUBEN
OLVIDARE
DIOS
APARTA
ENTERAMENTE
VALENTIAS
ABEJAS
CIERTAMENTE
ALELUYA
AYUDAN
REPRENDISTE
DONCELLAS
AFIRMASE
PERSIA
CUMPLIDOS
ALABASTRO
VASTI
AMOR
ASUERO
HEZRON
AUMENTADO
DESFALLECIDO
AFFICCION
CAUTIVASTE
SINAI
DERRITE
PALOMA
CADANAS
DIJERES
SUS
CORRIGES

OPROBIO
DRAGON
CONSEJEROS
RECTITUD
JOVEN
SALVACION
NACIONES
SACRIFICIO
CONMIGO
DESECHARON
MARAVILLAS
LLEGABA
PROVINCIA
SOTO
BANQUETE
ELLA
HIZO
HABONA
PRESENCIA
AZUBA
CIELO
ABISMOS
URIAS
ENROJECERA
HALLASTE
LANZADO
CODOS
SANTISIMO
PORTEROS\
VINO
HOYO

Entretenimiento 19

Complete todas las palabras, usando las palabras de la página 25.

J__H__V__, PR__ __CI__ __S, __ __LL__Z__, __ __LV__C__ __N, R__B__N.
__I__S, __P__ __BI__, __ __SU__, SO__ __ __BI__ __, CO__ __ __JE__ __S.
M__N__ __M__ __N__ __ __, __ __GI__, S__ __ __ __ __FI__ __O, FR__ __TE.
S__PT__ __O, O__V__ __ __R__, V__ __TI, __E__E__E, P__ __E__O__ __S.
CU__ __ __AS, __L__A, __ZU__ __, __UY__ __, LL__ __ __B__, PA__O__A. __X__
__ __ __RE, C__S__, __ __GRA__ __ __ __ __DO, __A__Z__ __A__. CI__L__, P__
__ __E__ __IA, GOB__ __ __A__ __RES, S__ __O, P__U__A__. __ __ZR__ __,
M__ __M__L, __YU__ __ __, A__A__A__ __A, DE__ __IT__. M__ __ __CO__,
T__ __T__ __ __ __IOS, __I__O__ __O__, __X__ __ __AD.
__ __ __TISI__ __, C__ __ __NO__, __BI__ __OS, V__NO, RO__ __ __RO__.
A__A__ __A, P__ __VI__CI__, R__ __T__TU__, D__ __ __ __LL__ __ __D__.
D__T__ __MIN__ __O, D__N__ __LL__ __, __IN__I, __ __RR__S, A__M__.
CO__ __ZO__, NA__ __ __NE__, PR__ __PE__ __ __ __, RE__R__ __D__S__E__. __
__T__T__T__ __ __, __ __RSI__, __XC__L__NC__ __S, I__A, HU__D__D__. S__
__ __ES__ __ES, __ __GT__, J__V__ __, S__ __N, S__S, __FI__M__S__.
H__Y__, L__B__ __S, C__ __PLI__ __ __ __, AU__ __ __TA__ __ __, __B__J__ __.
E__ __, D__ __VI__ __ME, E__P__C__ __ __O, CO__ __ __GO, __L__L__Y__.
V__ __EN__ __ __S, J__ __IN__ __ __, P__ __ __ __ __A__A__A, A__A__A__TR__.
A__T__R__, __ __ __TRU__ __ __, __R__ __ON, __ __JE__ __S, PU__D__.
__NR__JEC__RA, __ __ZO, __FF__C__ __ON, __SI__IS__ __ __,E__ __I__IT__.
N__V__DO, M__R__V__LL__S, A__ __R, __ __D__L__D__D, C__ __ __NA.
D__ __ __CH__ __ON, H__LL__ __ __E, O__N__P__N__ __N__E, C__D__S.
P__ __SEN__ __ __ __, P__ __TE__ __ __ __, C__ __RT__ME__ __E, CA__ __NA__.
__ __RR__G__ __, J__ __ __CRI__ __ __ __, U__ __A__, M__ __ __ __QUE__.
H__B__ __A, EN__ER__M__ __TE, PU__ __ __CA__ __ __, __ __ __QUE__ __.
PE__ __ __MI__ __ __ __OS, TA__ __NA__ __LO__, A__U__ __O, LA__Z__DO.
__AU__ __VA__ __ __ __, __N__ __N__ __ __EZ, L__ __GUA.

Entretenimiento 20

FRENTE ABOMINACIONES CADAVERES CAZADORES
JESUCRISTO ENEMIGO EZEQUIAS GUARDATE
REDIMIRE PECADOS COMPASION SENTADA
PRIMERO ESPIRITU HERMANOS SANGRE
ARRASTRADA ANGELES ARROJADO CORDEROS
RELAMPAGOS TERREMOTO CLAMADO LEVANTATE
PERMITIRAN GENTILES SEPTIMO AMARGARA
CRUCIFICADO TRONO EMANUEL ABISMO
MISERICORDIA JERUSALEN DIOS SOTO
POTENTE ARREPINTIERON BABILONIA DIVIDIDA
TEMBLOR MANDAMIENTOS LUGAR DERRAMO
ALUMBRADA

De las palabras, del lado de arriba, Busque algunas de ellas. Y márquelas.

```
M I S E R I C O R D I A V G X I C K M A N D A M I E N T O S
T A Q H Z J D Y K X Q W S D N Q F T O H W U Q K B T G Y H X
K N D V T C L A M A D O L J V P G V E Z L F R E N T E C S Q
S W X A N H S Y D T H R F K O H F M K I O N Y H X W Y E A U
C F I L B Z U W L Q V P S U T Q B L W E A S K J O S K V R O
A V P U J O A N J F A W A X C J S D R G B P T R F M G Q I J
D Q C M K C M C X P E R M I T I R A N W I Y E A H J U M G E
A P Y B V Q X I O Q G L T P D U G Y C M Z L M G W L A P K R
V G W R R B Y D N Y W H M V O Q T K F P A O S U H F R B I U
E U C A N F Q W V C P S A N G R E W V M R P A L K X D A W S
R K Z D H T K G Z K I C H Y C M X T P O C Y I E J D A W Q A
E N F A V A I P S L Q O V Q Z U L A U K S D N V H U T H C L
S J O D B Y Q W D H U S N I S A G D F J A R O A K Y E J K E
I L V A R X B N G Y F P H E I O V R Y C M Q C N Z W P O I N
P X F R K S K D C T B S R L S C H Q F T E S I T M D S A T R
D W E T I C W F O M Q L W V C T F P L X H B Z A U I T K Y D
T Y Q S D R Y A R R E P I N T I E R O N W V D T X O E F W E
E O I A Z J V T C I L V K Q S O Z V M K F N S E Q T M Z Z R
S B G R S K P Q K G S Z B H L N D P T X C H O V F D B S K H
O U T R F X C U L N D Y J P R F K S H L U J A G S A L Y H A
R M C A N H Y Z C R U C I F I C A D O I Q Y N K V I O T W M
E Y P T U A P R O W P G M S V L J M C R S X W L B X R K D O
D N G Q C X J Q F K V O I A D W I E Y P D C I E O C H F I X
R V A O T O M E R R E T Q K N R G Q J A M A R G A R A V Y R
O I W V D H J S G C L U H J C X W U K D W I J D K B H A N C
C O M P A S I O N X A S E N T A D A O V Q C A Z A D O R E S
```

27

Entretenimiento 20

Las palabras en los dos cuadros, están divididas. Usen las palabras de la página 27, para completarlas. Y márquelas.

```
F R E K S E N T Q X K C L A      J A D O D O N O K E C A D A
L X Z I W Q Y K T E P Z Y K      Q T Y X G I Q X W G K Y F O
D O R E S Y Z A D O S W I R      L U K B W F K E A M A R A C
K Q V W P U G X Q W V J X U      W O N I A L V P Y Q G K V R U
A Z D A T E Y C O R D I A T      Z J K Q Y B T Z B G E N X U
L M H K V O Q P S U G K N Y      P D T W E S P I K Q P W J C
U X T R D R I T U S I P Q M      E Z O K D V X W A U Z S B I
M P Q U J K A Z C W E N T E      C U K C A Z A R M I R E Y X
O H A B O M I N A K V B X I      V Q L W Y E W G V X G U P A
K V P W G X R Y P G Z O W F      B E N T U P O T Q A N O S W
E Z E X H E R M S T E M K I      W P K U O K G V L Y V Z K G
U H G L K V W C X K Z G I C      Z C S G E M A W B P C O R D
K P E A R R E P I U E Q Y A      E N E P T Q K E V Y Q H P K
L I V Q S H O G W X L B P D      X U W I G Y N F S B L O R F
U W M A N D A M K P E V K O      T A K T R A D A V O U K G I
C O H Z T G V Q Z N S T W B      E Q W S K B U G K A S I O N
G A R A W T I M O K T H G V      R D L E V A Y X H F W K V B
D K Q H X L K R G A L E N I      R Y H W D K F I E N T O S G
C O M P D I S O N Q I P W Y      E G U G Q F Y Z V D G X D I
B W E Z K P J V T I L E S K      U K P E R M I T W A M O Y E
I T L R A N D U W S K V Q I      Q V Q Y V D P X U C Z V Q P
U K Y P Q W X E N T A T E C      U P K D W B Y G Q P A G O S
N U E L Q K O R Q D X K K P      I T C I O N E S T E K X B N
H O K G B P Y S V R E L A M      A H U K T W Y K U V Q L D Q
B A B I L M W M K P V Q Z A      S G Z J E R U S W P R I K A
K U L W D X Y O R D I V I U      Q I O P Q W B G H O X F V W
V E R E S K T Q P G W Y P G      N T E U M I S E R I K A D A
S Q H W P L D E R R U O D S      R D B K B G Y Q K U D Q W H
K E Y G K V I W T Q V X K R      P W D I D A J P R I S T O R
A R R A S Y Z P R E D I Q O      C K V K F S E X W T Z Q W G
W D G X K J U K W Q N P V F      N T I E R O N U A B I V N A
A Q M O T O E X M I G O K S      Y H K W D L A P Q V E M H R
R Y V J Q Z K D K U R W V A      X G S E P V K G U A R S K X
R K M E R O H Y N T P H H M      K D Q M F J O Y Z T C V P B
O X G I W C S L B J E S U C      A N G I B R A D A K M A D O
```

28

Entretenimiento 21

JEHOVA
ANUNCIADO
OMNIPOTE
RUBEN
JERUSALEN
LAMENTARE
JUNTARON
ELEMENTOS

SOTO
JESUS
NTEPEREZCA
DESCENDENCIA
SIRVIENTES
DRAGON
REINARA
QUEMADAS

MENTIRAS
ADELANTO
OFICIALES
ACONTECERA
ANDAREMOS
SERPIENTE
NCADAVERES
ORACION

MUERAN
MANDAMIENTO
MIZPA
VENDRA
LLOREIS
LANZADO
SODOMA
RODILLAS

Busquen las palabras, que tengan las letras "S".

Entretenimiento 21

Completes las palabras o nombres, haciéndoles una línea. Usen las palabras de la pági- na 29.

JE	S	VA
ANU	VIE	ADO
OMN	NAR	ENTE
RU	ENDE	N
JERU	REZ	LEN
LAM	ARE	ARE
JUN	LA	RON
ELE	NT	TOS
S	AC	O
JE	HO	US
PE	SA	CA
DESC	BE	NCIA
SIR	NCI	NTES
DR	ZA	ON
REI	lPOT	AN
QUE	ND	DAS
ME	MEN	IRAS
ADE	TA	NTO
OFI	DO	LES
ACON	Z	ERA
AND	ENT	MOS
SER	DIL	NTE
CAD	AMI	RES
OR	OT	ION
MU	OR	AN
MAND	AVE	ENTO
MI	TEC	PA
VE	MA	RA
LL	ER	EIS
LAN	AG	DO
SO	IA	MA
RO	PIE	LSA

30

Entretenimiento 22

Escriba los nombres de las esposas.

1 Jacob _____ Rubén   2 Booz _____ Obed

3 David _____ Salomón   4 Jehová _____ Jesús

5 Adán _____ Abel   6 Nabat _____ Jeroboam

7 Elcana _____ Samuel   8 Salomón _____ Roboam

9 Lamec _____ Jabal   10 Elimelec _____ Mahlón

11 Zacaría _____ Juan   12 Moisés _____ Gersón

13 Jacob _____ José   14 Abiam _____ Asa

15 Adán _____ Caín   16 Abraham _____ Isaac

17 Judá _____ Er   18 Esaú _____ Elifaz

19 José _____ Manasés   20 Elimelec _____ Quelión

21 Abraham _____ Zimram   22 Jacob _____ Neftalí

23 Judá _____ Fares   24 Lame _____ Tubalcaán

Busque los nombres de las esposas. Y márcalas.

```
R O U A S E N A T B Y V L E A L I N C E T U R A Z P M V J E
A G X D H U J E H Q F J S N V B W T H C K W U M K I C N X V
Q W T C L E I C Z N W R A U N K P Q D L J G I O C D Q U F A
U N D Z I L A S G O L Y Z S F H E N Y R E N N A A M A W K P
E B R M K Q B X N E T F O G W Z X V T B R H J K R C G Z L S
L J V O Y L R A D M P J V H L E S I F I P Q M C L B M J E M
S L Y X F U P F K I Y T C Q R L P W L N S T F D I Q P X A
C W I Q G D Y G U C D E W V F U Q C D H U O H R A W F K V A
T U P N R K Z I J S Q N E T O A Y M V A K B N O E M I G D A
B E T S A B E T O R X P L G U C D E H L C P G K V Q L S B R
V A W F J G Q V F W K V I V H F K W S N F A N S M T X L C I
H K D P X D F W A Y G D S K H J U O V I Q W F G N O S T Y A
C N Q Z I N O L P M J L B L W R I J A G V D G V Y L V W E G
X T S B C A D A Q G F B E I Z F C U A L Q M N Z S A L A Q U
F U M G L E N P C Z W Y T D Q M O Y D X H A T I M H J V M N
S P J V W O Q I K J N T M C E P D Q A S F A Y C S F N T I Q
U O L H N A M R L A V P X G W V H M I B O C W G P U Z O W B
A Q A K E Z F S E F O R A S R U T K J Z N A V L S R A M A T
```

31

Entretenimiento 23

El anuncio del nacimiento de Jesús. Complete los versículos.

Lc 1:26 Al _____ mes el ángel _____ fue enviado por _____ a una ciudad de Galilea, llamada _____.

Lc 1:27 A una _____ desposada con un _____ que se llamaba _____, de la casa de David; y el nombre de la virgen era _____.

Lc 1:28 Y entrando el ángel en _____ ella estaba, dijo: ¡_____, muy favorecida! El Señor es contigo; _____ tú entre las _____.

Lc 1:29 Mas ella, cuando le _____, se turbó por sus palabras, y _____ qué salut- ación sería _____.

Lc 1:30 Entonces él _____ le dijo: _____, no temas, porque has _____gr- acia delante de _____.

Lc 1:31 Y ahora, concebirás en tu _____, y darás a luz un hijo, y _____ su nombre _____.

Lc1:32 Este será _____, y será llamado Hijo del _____; y el Señor Dios le dará el _____ de David su _____.

Lc1:33 y reinará _____ la casa de _____ para siempre, y su _____no ten- drá _____.

Lc 1:34 Entonces María dijo al _____: ¿Cómo será esto? pues no _____ varón.

Lc 1:35 Respondiendo el _____, le dijo: El Espíritu Santo _____ sobre ti, y el poder del _____ te cubrirá con su sombra; por lo cual también el _____ Ser que nacerá, será llamado _____ de Dios.

Lc1:36 Y he aquí tu parienta _____, ella también ha _____ hijo en su vejez; y este es el _____ mes para ella, la que llamaban _____.

Lc 1:37 porque nada hay _____ para Dios.

Lc 1:38 Entonces _____dijo: He aquí la sierva del _____; hágase conmigo conforme a tu _____. Y él _____ se fue de su presencia.

Entretenimiento 24

Entrés las dos páginas, busque "15 Jehová" "15 Jesús" " 15 Espírito" "7 Alfa" "7 Omega" "15 Dios" "15 Siloh" "15 Emanuel" "15 Jesucristo" "7 Altísimo" "7 Amén.

```
J U O M E G A T D I O S A J E S U S V S I L O H C P O Z K A
K E J Q I W Y C K F X B R E L G H C D P K N U J F Q M W F V
D H S M G L E U N A M E S H V E M A N U E L A Y L G E I R O
I N F U X P H T W O Q I B O L K Y O T V G P Z D Q J G C Y H
O C P F S J W A M E N L C V P J E S U C R I S T O F A N K E
S W J I D Y R Z H P K G T A N F V B A M E Y D W K X L G U J
V A E Z G L S O V A E S P I R I T U O D S F A H N R J Q D H
S Q S N X F I J Q L W F U B K X C M J Y P Z L C G V E T W J
I D U T D P L M E T X H E N O D G Q K S I W T M D P S K B E
L Z C B G V O K C I D P M Z A L F A V O R N I F I J U W G S
O M R Y J F H L Z S N O A W Q H R P Z D I C S A O N C G L U
H K I Q W E J F P I F P N I G C J W N G T K I X S V R P V S
G U S D Y S H D K M D K U P K X E I C F U J M K Y G I D H A
C Z T N C P M O C O H Q E A F G H U O D C A O I C K S L Y S
J I O L K I B K V I R U L R V T O P A I N V W B G V T Y F I
E T A U X R Z E N A J T X W I M V X G O R G D K A X O U S L
H W J A G I V M Q P X H J C J Z A H B S W U H V I D S B X O
O Q E N L T F A D G A V E B E N G Q M Z T F O R N J Z M E H
V D S Z O U J N W O M I S P S F D I O S F H G W C Y F G L R
A N U H F A M U H Y E D U H U Q M R L A E S P I R I T U P J
C K C W I V W E Z B N F C J S C S Z V J B L M J X S A H C S
A M R X P G Y L Q P I W R Q B Y I N Z P I Q V H D K W N R I
L Y I B W H T C M H V L I M F K L U F A L T I S I M O Q Z L
F G S L K X F J G U B N S V Z D O C G N O W V N J R B U D O
A P T C J E S U C R I S T O I E H K J V C G H B X D G P S H
N V O U N T V O N W F A O H L N J R E Y W L E U N A M E T W
D R X I A M E N Z M X D C G R W O I S Q K D V C W H Z V K C S
I J W D Q F I P A G U N L K U Z M H U E S P I R I T U L Z S
E L S Z E Y K V R C T V Q J A T I X C G L M X J M G C F A O
S B I C M G T D H V I M F E L P S L R B Z P K B P H J N Q I
P G L P A V L I F W R G L S G O I V I Z J E H O V A Q W R D
I M O K N S Q O C T I X N U Q M T W S E M C L G F M D N M S
R Q H X U D Y S Z M P K B S J Y L P T Q Y D N V R J V C T A
I F Y N E W H G F D S Z W H X D A N O H L E U N A M E G Y F
T C J P L R C P W Q E A C D F R H C Y F I X S W K Z H W M L
U A K I T B V Z I U P K G N O Z P V L A K Q F H C P R I U A
L G W O Z K S U S E J E S U S Q E T J D Y O M E G A J S C P
```

Entretenimiento 24

```
J V S I L O H C A K B N J L A U E S P I R I T U S U S E J
B E P C W V N Q L D U R E Z V H A N C X Q P A D C K I Y B
I Q H N A K J V T Z J N S G O F L W D N S I L O H P L Q O
I S K W O I M E F I Y E A U P H V F M I K W V B D W N O A M
U Z A R V X S Q S C H Z C K E S A U O C F A R H E D H F E
S G E I C A U W I X O Q R F J W P Y S L T M I P M C I P G
E X M Y P H C Z M G V Z I N O E L B V X F E V H A K J S A M
J H A S E F R T O B A W S H P K S N D A W N J I N D E F M
T D N K S D I V H K J Z T B G F I U Q Z F S C Q U H S M X E
A W U P P M S Z A N U M O L J U O M S L O D M A E W U I X E
L S E N I R T B L P H C V Q E S P I R I T U S P L I C D S
F M L Z R D O N T W G R H N A U D K L N Q W Z D F N R U P
A J Y Q I C L X I C O Y O F J E S U C R I S T O H L I Z I
I U T I T I P S S L M U L B V Q Z M F D V X B L M P S U R
O H A N U D Q G I V E Z I N L H C W G H J H W D Y N T C I
M G S I L O H A M Y G H S W E D Z J F P E K N I J W O V T
E K V M Z T U K O D A C T Q U I P E Y I S D G O Z D A N U
G I E Q W C N L D J N X S P N C G S D Z U P M S L P Q D Z
A C M D X F I Y B U K D O K A L T U P G C J L E U N A M E
H P A F J E H O V A G W I J M H X S W F R B X C Z C H D X
D L N G I G V C Z P L N D Q E N D C M V I E H Y K T W I V
I F U W Y P M V S D F B Y I G S T H Z L S U P A M E N L W
O X E H J E S U C R I S T O L W P O Y A T B N X D O C Q J
S C L P N A Q N D W A Q S W C D F I D F O A D G P L I E E
D A Q G T F D R Y S M Z I A K I P X R Y N S I F V A S C H
J M D V S C E M A N U E L U N O J C W I C W K J Z U N D L O
E U I K I G S O H X P H O B G S L H B M T A L P S Q D F X V
H C O Z L Q P W C A D T H Y D Z V A S G R U O D N C Y X A
O F S Q O Y I K L M S G L W F U M K V H P B H G W I F P H E
V W R D H P R V S E N O T S I R C U S E J Y L E U N A M E
A I Z N V G I D J N H I V E V F G Y W I C N W O X D S Y Q
C A L F A L T C Y Z F G N J F H O V A M P E S P I R I T U
J Y O C J W U G A N P V Y S W V J D L Q Z W L N T F P K T I
E G D T V K X B C D C K E A P A K Z U F Y H Q V D H O U I
S K I Q A L T I S I M O F X D L I V A M E N W C I U M S R I
U D O N X K M R G A Z B N F V F C X N F Z F D Y O Q E A I P
S A S R J E S U C R I S T O C A Q S I L O H K M S Z G J P
X H C L B P W I J V W X D R P K W B R Z H C X B I C A K S
J E S U S X E M A N U E L J E H O V A N J E S U S H W V E
```

34

Entretenimiento 25

Busque 50 Jesús.

J	E	S	U	S	A	Q	J	E	S	U	S	B	I	Z	J	T	D	J	R	G	Y	F	L	O	K	D	V	P	J
E	Q	P	B	Z	G	I	L	K	O	D	J	V	R	P	E	C	U	E	A	H	J	E	S	U	S	Y	W	E	N
S	M	R	V	L	Y	D	W	X	G	T	H	C	L	K	S	I	M	S	V	D	X	P	Q	R	G	E	S	C	X
U	I	C	W	K	J	E	S	U	S	B	L	S	F	Q	U	A	O	U	T	J	F	Y	N	W	I	U	M	L	O
S	A	F	N	O	X	L	P	I	R	V	J	U	Z	W	S	L	B	S	F	M	O	H	P	F	S	A	J	B	Z
M	P	G	V	D	T	Q	G	B	N	A	L	S	C	N	V	X	R	D	J	H	R	L	V	B	J	Q	K	N	J
I	B	K	F	Y	W	D	J	V	J	X	F	E	T	H	Y	N	P	C	E	A	U	G	W	P	N	E	A	I	E
J	Q	J	S	C	I	P	U	E	F	L	Q	J	E	S	U	S	A	O	S	M	I	F	J	K	L	W	C	X	S
E	M	E	A	Z	F	L	S	A	O	H	P	M	Y	B	K	D	W	H	U	C	X	P	I	E	Z	N	L	O	U
S	O	S	Y	T	Q	U	W	L	J	U	Z	D	R	N	I	S	G	V	S	D	Q	L	M	A	S	G	A	D	S
U	B	U	G	A	S	K	C	Z	B	Q	N	L	E	V	Y	A	Q	D	H	F	A	Y	T	O	B	U	P	M	F
S	K	S	N	P	L	V	N	H	F	P	J	E	S	U	S	D	G	N	V	Z	G	N	W	J	D	A	S	K	I
W	H	E	O	I	A	P	S	O	G	H	X	V	D	L	Q	R	C	I	J	E	S	U	S	Q	F	V	A	G	T
T	A	V	J	C	M	X	D	A	W	U	K	J	Z	T	B	P	O	W	Y	F	A	P	G	U	N	L	R	L	V
I	K	Q	E	W	L	T	P	J	K	O	R	Y	D	W	F	J	S	N	J	T	M	I	J	Z	W	C	I	T	S
J	N	P	S	L	H	U	E	X	P	L	J	E	S	U	S	Q	A	G	P	E	X	E	S	G	K	J	P	Q	U
E	T	B	U	Z	B	S	N	D	V	A	F	Y	G	A	U	W	N	F	I	Z	S	R	C	V	H	E	A	O	S
S	W	L	S	K	U	C	O	I	S	T	K	J	D	L	S	H	P	J	N	U	Q	U	M	P	V	S	W	F	E
U	O	R	V	S	H	Q	B	W	U	V	N	E	W	N	E	T	O	K	S	L	P	Y	S	T	D	U	I	N	J
S	Y	I	P	B	F	V	S	H	S	P	X	S	Q	S	J	G	V	P	N	G	F	A	H	B	X	S	G	Q	L
H	G	X	M	G	A	J	N	L	E	O	A	U	E	I	B	L	Z	Q	H	D	L	P	W	K	O	J	A	V	X
L	B	F	S	L	O	K	I	F	J	S	U	S	Y	V	F	C	A	V	T	M	C	J	E	S	U	S	R	P	T
A	J	Q	P	W	I	T	G	R	Z	N	P	W	G	K	W	J	I	O	Y	G	X	H	N	I	F	Q	G	D	I
Y	E	N	J	E	S	U	S	L	C	Y	V	D	F	N	E	M	F	C	J	P	K	D	C	W	L	J	O	Z	F
D	S	Z	V	T	V	M	O	T	J	H	K	B	A	S	V	Q	Z	A	E	M	S	F	U	N	F	E	C	A	J
L	U	K	O	N	E	Q	A	N	E	Q	R	I	U	K	P	G	F	H	S	E	Q	Y	G	B	I	S	K	Q	E
C	S	M	A	Y	L	Z	J	K	S	V	O	S	W	N	L	D	J	O	U	W	L	H	T	V	Z	U	P	F	S
V	D	X	I	C	V	H	C	P	U	E	L	C	K	T	I	Y	A	U	S	N	Y	Z	J	R	N	S	D	J	U
P	C	P	S	L	D	Q	T	A	S	G	W	F	J	E	S	U	S	I	P	D	C	O	E	I	A	V	Y	P	S
S	N	Q	U	A	W	J	N	D	R	I	V	Z	V	B	J	F	C	N	Z	M	J	E	S	U	S	G	L	H	W
U	L	B	S	O	N	F	E	C	L	D	Z	O	R	M	E	O	T	F	A	H	K	Q	U	X	K	B	T	V	D
S	W	K	E	L	P	V	K	S	B	N	K	A	Q	X	S	D	Y	H	W	O	U	F	S	M	T	I	F	Q	Y
E	U	B	J	G	Q	I	F	C	U	F	L	M	G	K	U	N	P	V	B	M	L	Z	H	C	A	W	G	P	S
J	A	I	M	V	E	N	S	D	N	S	O	P	V	T	S	L	Q	J	E	S	U	S	N	X	L	C	L	K	U
N	O	T	G	C	K	F	U	W	Q	G	F	I	N	Z	W	E	K	X	N	I	W	C	Q	F	D	Y	D	M	S
Q	J	E	S	U	S	G	P	N	D	H	A	C	Y	F	Q	A	L	R	D	P	A	G	J	E	S	U	S	A	E
F	X	H	Y	D	P	W	Q	L	J	E	S	U	S	O	G	N	J	E	S	U	S	M	T	K	C	T	I	O	J

Entretenimiento 26

Escriba los años de la vida, de cada personas.

LAMEC VIVIO _____   ADAN VIVIO _____   ABRAHAM VIVIO _____.

SALA VIVIO _____   SET VIVIO _____   TARE VIVIVO _____.

NACOR VIVIO _____   NOE VIVIO _____   MATUSALEN VIVIO _____

CAINAN VIVIO _____   REU VIVIO _____   JACOB VIVIO _____

HEBER VIVIO _____   SEM VIVIO _____   MAHALALEEL VIVIO _____.

SERUG VIVIO _____   JOSE VIVIO _____   JARED VIVIO _____.

PELEG VIVIO _____   ENOS VIVIO _____   ARFAXAD VIVIO _____.

ENOCVIVIO _____   JOB VIVIO _____.

Complete los nombres.

_ _ _ _ _ _ X _ _ _ , _ _ M, _ _ _ _ L _ _ EE _ _ , _ _ B, S _ _ _ G.

_ _ _ T, L _ _ _ _ C, C _ I _ A _ , _ _ T _ _ _ _ _ _ N, R _ _ , N _ _ _ _ R.

_ A _ _ D,N _ _ _ , _ _ _ C, _ _ L _ G, _ _ U, _ _ _ _ B, J _ _ E.

H _ _ _ E _ , E _ _ S, A _ _ _ _ H _ _ , T _ _ _ _ _ , A _ A _ , S _ _ A.

Busque los nombres. Y márquelos.

A B R A H A M I C Q F Z A D A N B W H N B W H P E L E G I X J
W Z N J T G X D Y G N K S M T Q H J E V R Z F L K C M U Y O A
E O C U H F N R E W L H F X I D W L S G I A K V P F G D Q N R
Q I K B Y A W P T N Q V T B J O A C Y M F J D G U H I R F C E
M X D O P L S E R U G W L N Z S H K D L W O N B C E M A S Y H
J V C N H Q K Z M I S E G C U I A Y M F V B R L Q B J D H K I
A I A G D J S O B L D K H T X F W D K P Q N F W O E P Z A F Y
C G I P U N W L Z S F J A Q V T I C N R O U I J C R H W T W G
O X N Q G E P A K X S M A H A L A L E E L P K N G A N P Q I K
B F A C Y H I M O W Q L O J Y N P B H X S A F V L C Z D S U O
W F N J D R T E Z R C G X P S W E W V G O Q J W R H E H A C X
L G O I K N Y C L I V T F J O S E N A M S P N K O V W F L V J
J P M F C A K U A P S R M C J X O C J D E G U W G Y G P A Q J
V T H R Q X S N W Y E O S L K H T Q I L N H A C A M D U J K X
S K G Z L J H G K D T H Q T A R E M X A O Y W T V R B L P W H
E A U I E N O C Q N X U I Y B F V G K W S M F N J O F N I Q U
M Y R N W T V A F L A C P F S L C O J U D L G Z Q K V A G T F
O H J S N G M Y D R S N E K H M S P A R X B I D A J W R X N K
L F P A C H P A J I V J Z W G U X E H B F P N O E N I P J A L
K O T V S R E U O W Q D W N A C O R Q I C K V C H F A C O V D

Entretenimiento 27

Sabes los diez mandamientos. Pues complételos, sin usar la Biblia.

No tendrás _____ ajenos _____ de mí.

Note harás _____, ni ninguna _____de lo que esté arriba en el cielo, ni abajo en la _____, ni en las aguas debajo de la tierra.

No te _____ a ellas, ni las honrará; porque yo soy Jehová tu Dios, fuerte _____, que visito la _____ de los padre sobre los _____hasta la tercera y cuarta _____ de los que me aborrecen.

Y hago misericordia a _____, a los que me _____ y guardan mis mandamientos.

No _____ el nombre de Jehová tu _____, en vano; porque no dará por inocente Jehová al que _____ su nombre en _____.

Acuérdate del día de _____ para santificarlo.

Seis días _____, y hará todas tu obra.

mas el _____ día es reposo para Jehová tu Dios; no _____ en él obra alguna, tú, ni tu hijo, ni tu _____, ni tu siervo, ni tu _____, ni tu best- ia, ni tu _____ que está _____ de tus puertas.

Porque en seis días _____ Jehová los cielos y la tierra, el _____, y todas las cosas que en ellos hay, reposó en el séptimo _____; por tanto, Jehová _____ el día de reposo y lo _____.

Honra a tu _____ y a tu _____, para que tus días se alarguen en la tierra que _____ tu Dios te da.

No ma__ __ __ás.

No cometerás _____.

No hur__ __ __ás.

No hablarás _____ tu prójimo falso _____.

No codiciarás la _____ de tu _____, no codiciarás la _____ de tu prójimo, ni su siervo, ni su _____ ni su buey, ni su _____, ni cosa algu- na de tu _____.

Entretenimiento 28

Escriba los números de los versículos.

1. En el principio creó Dios los cielos y la tierra; _____.

2. Pues se da testimonio de él tú eres sacerdote para siempre, según el orden de Melqui- sedec; _____.

3. En aquel día cantarán este cántico en tierra de Judá: Fuerte ciudad tenemos; salvaci- ón puso Dios por muros y antemuro; _____.

4. De veintidós años era Amón cuando comenzó a reinar, y dos años reinó en Jerusalén; _____.

5. Y los israelitas dijeron a Gedeón: Sé nuestro señor, tú, y tu hijo, y tu nieto; pues que nos has librado de mano de Madián; _____.

6. Y el que tomare la mujer de su hermano, comete inmundicia; la desnudez de su her -mano descubrió; sin hijos serán; _____.

7. Todo el pueblo observaba el estruendo y los relámpagos, y el sonido de la bocina, y el monte que humeaba; y viéndolo el pueblo, temblaron, y se pusieron de lejos; _____.

8. Entonces Lot salió a ellos a la puerta, y cerró la puerta tras sí; _____.

9. El oficio de los hijos de Coat en el tabernáculo de reunión, en el lugar santísimo, será este; _____.

10. Él entonces, respondiendo, le dijo: Déjala todavía este año, hasta que yo cave alrede- dor de ella, y la abone; _____.

11. Pero la palabra del Señor crecía y se multiplicaba; _____.

12. La gracia de nuestro Señor Jesucristo sea con todos vosotros. Amén; _____.

13. Y Adán no fue engañado, sino que la mujer, siendo engañada, incurrió en transgresi- ón ; _____.

14. Oí una gran voz que decía desde el templo a los siete ángeles: Id y derramad sobre la tierra las siete copas de la ira de Dios; _____.

15. A ser prudentes, castas, cuidadosas de su casa, buenas, sujetas a sus maridos, para que la palabra de Dios no sea blasfemada; _____.

16. Volvió a decirle la segunda vez: Simón, hijo de Jonás, ¿me amas? Pedro le respondi- o: Señor; tú sabes que te amo. Le dijo: Pastorea mis ovejas; _____.

Entretenimiento 29

Busquen toda las palabras o nombres, que tenca las letras " T ". Y márquelas.

ABRAHAM	JOSE	BOSQUE
HIJOS	CONTRA	FUEGO
CAMINO	DICIENDO	HAMAT
PALABRA	HILCIAS	ELIAQUIM
ESTIERCOL	RESISTIR	CABALLOS
OIDME	GEMIDO	CONFIAS
JESUS	ASIRIA	SATANAS
FINAL	CIELOS	DIOS
MEDIO	OLIVOS	ESPIRITU
PLAZAS	HERMANOS	DARLE
NECIOS	NOCHES	BESTIA
PLEITO	DIADEMAS	CATORCE
CLAMADO	TRUENOS	ESCRIBAS
SOTO	DISCIPULOS	VAMOS
HAORA	FUERON	TIBERIAS
INJUSTO	MAESTRO	DARE
FUERZA	RABONI	LIBROS
VIDA	CORRERAN	NADIE
MOSTRARE	ROSTROS	MALDAD
INTIMA	MATARON	PADECIDO

```
S Z A Q N J E R M A E S T R O
I O K G X O L V P M H W S D F
U D T H F E S P I R I T U G C
M C W O J Y K Z O Q W H F V O
O R L U Q B E S T I A P T L N
S Y E H S G K N Z B L C R M T
T W S O L P Q W N Y S O U Q R
R Q T J C A T O R C E G E K A
A L I A X W Y G X T B E N P Z
R Z E V I N T I M A S Q O I R
E A R S Q P A B H N C W S D E
M B C N T R U E N O S F I Y S
Z W O T B K J A X D V L N G I
H Y L R H P L E I T O P J U S
A K D F R D S O J H K B U Q T
M Q G K M A T A R O N Y S L I
A A Z B F C N T Y V Q P T A R
T O G T I B E R I A S W O H Q
X L H V W O D P F N C T F M D
S A T A N A S W R O S T R O S
```

Busquen toda las palabras o nombres, qué tenca las letras "C ".

```
C S I Q V B N K N O C H E S L K D Q V D I S C I P U L O S
L I W Z G D L C J R X S A M Y Z I H Z R M Q E P Z N G F W
A K N T U B Z E X T N V I Y D L C V P O N E C I O S J S I
M X W I J C O N F I A S F C X N I C H J W T G Q B P V D C
A U H F D Z A V G N K B H A Q W E Z F A P W K X U T M O A
D F I W J Q W P Z J O R Y M A V N S M C O R R E R A N R O
O G L S I V L M T A Y Q X I K N D O A Q C T L F J L R P A
W N C U C A T O R C E A L N W Y O D G F J E P W B Z I C L
C T I R D W F H S K H K G O C H X S H Z R A S A N O P D L
I F A J X Z R G V X B Y N X L W M J V P A D E C I D O V O
E W S Y T F W Y K J S H W F B P D I N U G N P M Q U H E S
L Z H N K J O Z V A E S T I E R C O L S I W E F L K S F G
O V D Q X I C S P H I G V A K Q V K D X K Y D V G R C B Z
S J X C O N T R A K Y L O Z E S C R I B A S Z T A W X Q N
```

39

Entretenimiento 29

Las palabras están divididas, en los dos cuadros, unirlas para complételas, usando las palabras, de la página 39. Y márquelas.

```
A B R A X C A M Y E N D O X      P A L A W P U L O S W B O S
Z Y G K W V Q Z K X W U P Q      Q² Y G Q Z F K W X Q K Y V
C A B A K N A S V D I O Z K      M V I D O Y V R I A V G P F
C W Q V Y U P W X K Y V X W T     A X K W V K Y X P J Z Y Y U
R U C L A Q E S C R Z K U I       T Z M E X E S P I Q D A X E
C K W G Z Y X P V W D A P A       K W Q Y U Q Z K T X K Y Q V
E X T R U E K O R A K Q V Z       L O S V Z A S G V R E W P K
V V Q P Y X V W Q Z X I N J       Q X K W V X Q Y W K Z U J I
T I B E W R Z A Y F P W K Q       E R A N Z E M A S Q M A Q O
G U K V Q K P X Z U Y D I E       E V Q U K Y Z W Y X K G K S
M A L Z Y A S I G E W U P V       C I D O X B E S Z D I Z V W
Y P G W K U W K Z V G K M E       K J U Z W G Y X V J Y P X R
O K Q V P A D E X H A V P K       W T Y Q V D A D K W Q Z G C
L W Y Z U X K Q Y W P G O X       R A R E X G K V A R O N X
I X P K Q C I E Z K X Q K P       Y K W V K Y W Z Q J W Q V L
Q G T O W K Y V N E C Y J O       F U E X O U I M U R O S X P
P V W Q U R L E U X K V X U       K Z G Y Q K Z P K Q V W K S
L K N O C K W K V Y P L E P       F I A S V C O N Y R O N Y U
A Y P U Y D A G K Q W X V Q       Y U K X J Y F V U G K Q J Z
U M A T X Q Z Y V A Z R O S       C I A S W R E S I X N A W K
P Q K V G P W Z U X W X Y V       W K Z V Q K V P W Z P X V I
B W C Z Y I N T I K M O S T       M A E S U O N I Q L I B Y J
R² O K V W Q X V W Z V K Q        Y U X T L P W Y K J V W Z K
A Z N U T R O S K G Q U E V       I K R I A S Q U S T O Q H I
W U K Y Z W V Y Q W P Z Y P       B J Z K G X W Z K Y Z U
T R O S X C O R R Y K E G S       A W S O Y M O S Q H A U N J
P Y V W U P Y Z X U Q S P T       S K Q V W Q K V X W J X O K
F I Q K D I A D P Y G T W I       G U C A T O Z M A D O K S W
K G W P Y V Q K Z W Y I Q R       V Y W L Z V W Y U V Y Z U X
R I T U Z X O S U X V E K V       S E X F Y H E S K X I T O J
X V Y W P Q V W G Q Y Z G P       P W G K J X Q X U W V Y U Z
J E Q K G E M K V R A B W T       O Q V O S V J A N O S X N Q
K W V U Y P V Y P W K Y Q R       I Z Z Y P K U X W Q K J A V
V E L I A W G H E R M U K A       Q J L L O S Y S A T A W L X
G Q W V K Q Z V K W Q P V X       W V X K U Z Q W K X Y K Y
H I L Y X D I S C I K J O S       P I N O Z D I C I V Q H A M
```

Entretenimiento 30

En los dos cuadros, busquen algunas de esas palabras. Y márquelas.

```
O J L S Q H L C B      L T L A B A N H P
W U X F O V B R W      U C X M U P Y R E
Z D E M K H O Z O      G F Q U I T O K C
K H B Y C T V E L      A S V T D N Z J A
J R D O A F I J A      R X O F I C O V R
E M K R T Q R L H      B Y K J W U L Q G
D I E S W J A F E      N D I C H O S A M
U G R N V R X M Y      A U L S R M E Y I
C U O F Q C O F T      G Q D M P Z T V K
A H E U S K W V I      E J P C I D G X J
Y Z E O N T E B M      Y B S O Y R H Q N
E P W U C J H L N      D R K Z A W A F K
Q T O R T O L A G      V E P N J U T D G
R L T A M U R S Z      I L D G A R E Y N
E O I T X L E C G      M E Q E O L C P A
L V F Y I K O V P      H C X W N V G L O
K U J C D M B S A      O Y J F Y E U Q P
Q N G R W E N H L      S V K L R G J F Z
K Z F A O D P A K      A X U D A I X D M
F I L V R Q X U T      I W Q R S O T A U
V R P B Y E J G F      M Z E G V F N X H
A T U G N W S V O      O S Y F N C Q W B
Z C K T J I A K M      B C J Z H K V Y F
K H F L O V G P Z      T Q I A J F T D G
```

CORAZON	FRUTO	DIOS
TERCER	EDEN	EVA
TAMAR	LUZ	HUERTO
JESUS	CABEZA	SUBIO
HIZO	VOLVIO	MIRAD
LUGARES	LUGAR	NOE
ZOAR	MONTE	AGUAS
LABAN	HUMO	LLAGA
RAQUEL	DEJAME	TIMNAT
ALARQUE	CREZCA	TUNICA
JUDA	QUITO	OFICO
ALCE	HOMBRE	VINO
JEFE	IMPIOS	OJOS
MOISES	BROTARE	PECAR
GRANDE	DICHOSA	CAYERE
BLANCA	MANCHA	LEPRA
FIJO	TORTOLA	LOT

Preguntas sobre Moisés.

1 ¿Qué persona fue, la que tomo a su tía, por mujer? _____ .

2 ¿Cuál fue el nombre, del hermano de Moisés? _____ .

3 ¿De Moisés y su hermano, cual de ello dos, es el mayor? _____ .

4 ¿Cuál fue el nombre, de la hermana, de Moisés? _____ .

5 ¿Cuál fue el nombre, del padre de Moisés? _____ .

6 ¿Cuantos años fueron, lo que tenías Moisés, cuando el regreso a Egipto? _____ .

7 ¿Cuantos años tenía Moisés, cuando él murió? _____ .

8 ¿Cuál fue el nombre, del hijo mayor de Moisés? _____ .

9 ¿La esposa de Moisés, le dijo a él, tú meré un marido de sangre? sí o no; _____ .

10 ¿Moisés llego a ver, la tierra prometida? sí o no; _____ .

11 ¿Cuál fue el nombre, de la madre de Moisés? _____ .

Entretenimiento 30

Toda las palabras de la pagina 41, búsquelas en el cuadro. Y márquelas.

```
L L A G A Q G T I M Y J E V A T K D E J A M E O C R V S L H
W O S Y H D U P K O F T N R P A Q G I L S U F Y Q T Z W B U
H N B J W L Z R C I M G Y D X C V J W E N Y P X M V A L I E R
Q V K P C S B W F S P A M K O H S B Z K F J H L G W K E Y R
T A H I Z O V D H E U K I F R U T O K P Q T N O E Y X P J T
G M C R Q L W Y A S D C O Z P W A D U I R W F M S U H R S O
X Y T I M N A T G R J L Y V G F R N Q C A B E Z A J Z A V A
D G V P B H U F W I E Q S A K T H C L G S M J K L B W G Z M
I S O Z T W R J Y M U F H O M B R E V W X Q O T F N Y S I X
C J D A L C E K A P D R G L N Q J Y X J A P E C A R U L F C
H Q Y K X V N T B I W C A T S Z E V P T I K N G Z V B M T L
O K S U B I O R L O P V P H K T R W L O B P D Q C K T O K U
S G P Y U D W F N S B J F T U N I C A G Y U H M J W F T G Z
A S W J H Z M Q V P H C M F Y B K V L M Z D K Z A V N Y B S
R I L Q T E R C E R G V T X H U M O Z I M J S O X K O J O S
D F O S F X U J Y W L O A Q W I J Y D G A V Q A P S H D L B
L A B A N G K F Q B Z S J N I E R H V P N Y G R N Y W Z D A
G Z P H Y S P S T V M P C O R A Z O N K C X J V C A G T N L
V K Q C W N L E C K H Q J N T F K U D L H M D O W F K P Q A
T Y L J Z O T A M A R D V B W C Y H G R A T U K I G M B C R
O U R E H V J Y L S Z M U G X L D K B W Q F J B K R J V X Q
R X S F N K X H R P R A Q T S V M P L Z Y N C P O A F O S A
T M G E O J V C F I J O X N E O R O A F V L L H F N W Q I E
O B Q V E S L K X W F I J F P L Q U N I B O W X G D C G P V
L K Y J R G I D U Y R C V G Z V Z S C J X T D N Q E Z A Y D
A P F D I O S L Q L O N T Q E I Y F A M H F G S V L T K M O
R H B Y N U J W I U S H W V J O D G W L Q V C O H P Q N J U
Q V W X T G F Y T G R D Y K L F P C K J R A Q U E L Y B I C
C R E Z C A Q O K A U P J X U S M Y F Q N L W H A K M R Z A
T G L I M U D L C R W A E L B A H K X J D K S X J Q P V O Y
W J E S U S W X P N Q I M O N T E N O U T V C T U G C F J E
I X Y Q M C J I R S E T F G Z L V Q S D Y O M I R A D W S R
O N F G V L O T E Y C P W V I R K F H A L C R P F O U K M E
A G U A S D R A D J L K B O F I C O X D I T N J Q Z G Y V H
H J D Z F P Q H E W U D A E S N V Y P M U L U G A R E S C W A
A L S N W Y V D N I X N T Q A H K W U J S Z D Y V L N F X A
Q U I T O X N G K C P Y B R O T A R E Q M O H T W A V I N O
```

42

Entretenimiento 31

Busque 25 Palabras de "Espíritu".

Espíritu

Busque 25 Palabras de "Santo".

Santo

```
E S P I R I T U Q A X U C E
L W B N V D M O Y B T F S V
E S P I R I T U C I K P L O
H C Y N O F X W R Q I V Z E
E G E A V L J I D R C E H S
S U S Z C K P E I G A S W P
P O P R H S F T D X M P F I
I J I Y E A U Q L Z J I O R
R E R W N C E G P E V R C I
I S I F P U S R N S D I J T
T O T A M J P V H P X T G U
U C U X E K I S A I O U D L
Q K D H L G R F Z R C D H R
F J N W E V I D O I J E M U
R V E O S C T A V T F S L T
I G Z D P N U W G U D P G I
A L M Y I F P B H X N I F R
E S P I R I T U D O J R V I
Q R X C I K Z T W C Z I D P
E L E W T F A I B E G T L S
S Y S B U D V R G S Y U N E
P J P N U H K I M P P W H J
I O I G F E C P Z I O E K N
R A R Y W S J S A R X S I E
I X I D Q P N E B I D P J S
T C T K F I O H Y T C I Q P
U M U K Z R G D L U F R A I
E H W D B I M P Q S W I E R
S A I J K T D X A Y C T N I
P Q V N O U F L I F P U D T
I G F E S P I R I T U A F U
R W Y L J Z F A M X L G J X
I P C G K N U T I R I P S E
T D H V O Q C W D K Z L V G
U M E S P I R I T U H O C D
```

```
S I G K S A N T O W R N P T
A N Q B H W F X D L Q Y E O
N X R U F Z I J V N S Z C N
T D F S C O M P W A I M G A
O I J A Q D Y K N L O F T S
E L W N G H Z T H P S E W D
G M Q T F I O J X D A C Q Z
H C P O D U L Q C I N L K S
R B J X K S V M J K T B H A
I F W E G F P J E L O X C N
O Q G N S A N T O Q D Y U T
V T D H L M Y C D Z T I L O
K I N V Y J E H N P O D A V
W J C A O K Q Z F G N Q M P
M B R H S A N T O L A X I F
D G X A U E Y O M P S D L Q
I S N C Z B N G F V B N Z H
V T X L D Z W C K J M D Y S
O H F Q O I S D U S E P I A
C A Y S K G A Z M A W L Q N
I X M A E V N P I N Q S Z T
S D Y N K D T L B T C A N O
A L B T W I O V R O G N D I
N H Z O E N F Q M P X T F J
T V Q L U K D V Z C N O Y M
O A N R Z P J D N S I G V A
W P S A N T O I L Q A D W C
I K B X Q P U G M R C N L Z
S A N T O D X C H G F W T I
C Z E M L F S K Z V M I A O
K J P V O I A F W D J C R V
I Z B T K C N S A N T O W N
D Q N X G V T C H G P F X H
W A L N A W O U N E I K M Y
S H O Y S P I S X O T N A S
```

43

Entretenimiento 32

Acales una línea, del padre al hijo.

Jehová	Nebaiot	Adán	Eliseo
Harán	Amnón	CIS	Nacor
Jacob	Lamec	Jafet	Saúl
Mazraim	Seba	Nacor	Reu
David	Jesús	Noé	Joram
Canaán	Serug	Peleg	Ludim
Adán	Lot	Judá	Caín
Joctán	Gomer	Taré	David
Cus	Enoc	Cainán	Enoc
José	Rubén	Cus	Judas
Raama	Juan	Heber	Mefiboset
Cam	Ludim	Lot	Tubal
Taré	Peleg	Jocsán	Obed
Abraham	Enós	Javán	Juan
Ismael	Het	David	Jacobo
Lot	Efa	Sem	Jafet
Matusalén	Abram	Abram	Amnón
Aram	Dedán	Mazraim	Cedar
Dedán	Isaac	Saúl	Taré
Reu	Noé	Isai	Aram
Judá	Hanoc	Hilcías	Gad
Madián	Letusim	Ismael	Onán
Arfaxad	Abel	Safat	Isaías
Zebedeo	Sala	Josafat	Dedán
Jared	Sem	Jonatan	Uz
Set	Ofir	Caín	Mahalaleel
Simeón	Er	Jacob	Nimrod
Enós	Cainán	José	Ismael
Alfeo	Manasés	Zebedeo	Joctán
Sem	Hul	Booz	Efraín
Lamec	Nemuel	Rubén	Falú
Noé	Fut	Amoz	Benammi
Rubén	Moab	Aram	Quitim
Heber	Judas	Zacarías	Jonatan
Jafet	Elam	Simeón	Jeremías

Entretenimiento 33

Los dones Espirituales, complete los versículos.

1. 1Co 12:1 No quiero, hermanos, que _____ acerca de los _____ espiritual- es.

2. 1Co 12:2 Sabéis que cuando erais _____, se os extraviaba _____, como se os llevaba, a los ídolos _____.

3. 1Co 12:3 Por tanto, os _____ saber que nadie que hable por el _____ de Dios llama anatema a Jesús; y nadie puede _____ a Jesús Señor, sino por el E- spíritu Santo.

4. 1C 12:4 Ahora bien, hay diversidad de _____, pero el Espíritu es el _____.

5. 1C 12:5 Y hay diversidad de _____, pero él _____ es el mis- mo.

6. 1Co 12:6 Y hay diversidad de _____, pero _____, que hace tod- as las _____ en todos, es el _____.

7. 1Co 12:7 Pero a cada uno le es dada la _____ del Espíritu p- ara _____.

8. 1Co 12:8 Porque a éste es dada por el Espíritu _____ de sabiduría; a otro, pala- bra de _____ según el _____ Espíritu.

9. 1Co 12:9 A otro, fe por el mismo Espíritu; y a otro, _____ de _____ por el mismo _____.

10. 1Co 12:10 A otro, el hacer _____; a otro, _____; a otro, discernimi- ento de espíritu; a otro, diversos _____ de lenguas; y a otro, _____ de _____.

11. 1Co 12:11 Pero todas estas _____ las hace uno y el mismo Espíritu, _____ a cada uno en particular como él quiere.

12. 1Co 12:12 Porque así como él _____ es uno, y tiene muchos _____, pero todos los miembros del cuerpo, _____ muchos, son un solo _____, así _____ Cristo.

13. 1Co 12:13 Porque por un _____ Espíritu fuimos todos _____ en un cue- rpo, sean judíos o griegos, sean _____ o libres; y a todos se nos dio a _____ de un mismo Espíritu.

14. 1Co 12:14 Además, el _____ no es un solo _____, sino muchos.

Entretenimiento 34

Completes las palabras del cuadro A, para completar las palabras del cuadro A, tienes que buscar la mita de las palabras, en el cuadro B. Y márquelas. Las palabras del medio, están completas, úsela si es necesario.

A

J E H O V A	___ S U S		

B

Columna central (palabras):

JEHOVA
ALABANZA
BONDAD
ENTENTAN
REDIME
SERA
CORAZON
CONSEJO
FRUSTRA
HECHO
ANDAR
JESUS
PERSIGA
FUERZA
OBRAS
TIEMPO
SARAF
CAPATAZ
PLATA
NUNCA
ASOLA
ESPIRITU
FUERTES
CANTARE
CANCION
SELLOS
RUIDOS
APARTADO
ROCA
GOZO

Cuadro A (con letras dadas):

```
JEHOVA ___ SUS
A    BON____        _
L
A    ____TADO       _
B
     ESPI          N
_                   T
_    C RED___       A
     O              N
     R   ___RZA
S    A
E      S TIE____
_    S
_    A  ____LOS
     R
C      ___RUI_
O
N    _ HE___    C
S    S          A
     T ·___RAS  P
     R          A
     A PLA___
P    FUE____    _
E
R    A  ____TARE
S    N
     D RO__    N
                U
_    ____ZO
                O
CAN_____        L
                A
```

Cuadro B (sopa de letras):

```
O V A Y H R L K F U E X
D M J X L I V Q D H P Z
Z G O F K T M J L Y L K
B Q K D Y X M F J K O L
X H W F C H O Y Z X B J
E L R K B J F M K D V F
N Q H L H Y Z Q U W L M
T J X A K F Q C A N B X
E Y V R W H Y D M J F L
W D L B K Q F R U Z W H
Q P Y M X H K L D Y Z E
J K B W A P A R F Q K J
A V L H Q M V D X Y L O
N D K X W P Z J K H V F
Z K Y R T E S B L A D K
A B L K F V D R X S K V
W H J P M H U Y Q Z J L
F K Q D A D V W R H D X
X B Y F V H L Q A K F V
W J D W M J V U Z Y Z L
D I G A V L S K W B O J
G K L W P D E Y L Q N K
Q W X F J U L V W H G V
A F K M V K Y B K U V L
F Y V D O S U M P C Q T
W H J P Y K W L V I D A
B Y Z U H Q Z U K O Q L
J M Q R M P O D W N P D
E D K W D K W G U X Y M
Q X B L Y X Q P Z Q K I
T K P Q F L P N L H F M
A J C A H W K C Y B X E
Z T L M J P B A W M K Q
```

46

Entretenimiento 35

Conteste las preguntas.

1. ¿Cuál fue el nombre, de la primera, siete iglesias de Ap? _____.
2. ¿A qué profeta fue, al que Dios le dijo, que tomase a una mujer, fornicaria?_____.
3. ¿De qué tierra fue, que Dios llamo a Abraham?_____.
4. ¿En qué isla era, que estaba Juan, cuando escribió el Ap?_____.
5. ¿A qué rey fue, que el rey de Babilonia, le cambio el nombre? _____.
6. ¿Cuál fue la primera ciudad, que Josué destruyo en Canaán?_____.
7. Jonás predicaba diciendo, que Dios iba a destruir a Nínive, ¿en cuanto día era, que D-ios la iba a destruir?_____.
8. ¿Cuál fue el verdadero nombre de Israel?_____.
9. ¿Cuál fue el nombre, que Dios llamo, a la mujer de Adán? _____.
10. ¿Quien fue, el que enfermo, a pablo?_____.
11. ¿Cuál fue el nombre, de la madre, de Samuel? _____.
12. ¿Qué persona fue, el que lucho con un ángel?_____.
13. ¿David tuvo un hijo, que se llamaba, Daniel, sí o no?_____.
14. ¿Cuál fue el verdadero nombre, de Ester?_____.
15. ¿Cuál fue el rey, que cuyo corazón, era conforme al de Dios? _____.
16. ¿A qué tribu fue, la que Dios escogió, para que les sirvan en el tabernáculo?_____.
17. ¿Cuál fue el nombre, de la mujer de Booz? _____.
18. ¿Cuál fue el nombre, de la mujer, de Amán?_____.
19. ¿Que rey fue, el que llevo a Israel cautivo?_____.
20. ¿Que rey fue, el que llevo a Judá cautivo? _____.
21. ¿A qué rey fue, que el rey de Babilonia, le saco los ojos?_____.
22. ¿Jesús lloro, por una persona, ¿quién fue esa persona? _____.
23. ¿Jesús lloro por una ciudad ¿cuál fue esa ciudad?_____.
24. ¿En qué tierra fue, que Jesús se crio?_____.
25. ¿Cuál fue el nombre, del sobrino de Abraham?_____.
26. ¿Quién fue, el que comió miel, que avía en un león? _____.
27. ¿Cuál fue el nombre, del primer hijo, de Rubén? _____.
28. ¿Qué persona fue, el que vino de noche, para hablar con Jesús?_____.
29. ¿Qué persona fue, el que tomo la parte, de Judas Iscariote?_____.
30. ¿A qué persona fue, al que un asno le abro? _____.
31. ¿Los padres del niñito Jesús, ellos buscaban al niño, adonde fue que ellos lo encontr- aron? _____.
32. ¿De qué tribu, era Moisés?_____.

33. ¿Que discípulo fue, el que negó a Jesús?_____.

34. ¿Cuál fue el rey, que le brotó lepra, en su frente? _____.

35. ¿Que hermano de Jesús, fue el que escribió, un libro en la Biblia?_____.

36. ¿Cuál es, la última palabra, del NT?_____.

37. ¿Qué persona fue, la que quito, la maldición de la tierra, que Dios maldijo? _____.

38. ¿A qué discípulo fue, al que Jesús le dijo, por tres veces, tú me amas? _____.

39. ¿Jehová le dijo a Israel, que quiten de mi esa músicas, sí o no? _____.

40. ¿Cuál fue el primer árbol, que Dios lo llamo, por su propio nombre?_____.

41. ¿En el NT, cual es el versículo, más pequeño? _____.

42. ¿Que reina fue, la que quedó asombrada, con la sabiduría, de Salomón?_____.

43. ¿Que es el significado, para Sion? _____.

44. ¿En el NT, cual es la ciudad, más pequeña, de la tierra de Judá?_____.

45. ¿Cuál es el nombre, del ángel mensajero? _____.

46. ¿Cuál fue el nombre, de la madre, de Juan el Bautista?_____.

47. ¿Cuál fue el nombre, de la secundas esposa de Abraham?_____.

48. ¿Cuál fue el nombre, del hijo de Saúl, el que era amigo, de David? _____.

49. ¿De qué tierra era, el que mato, al rey Saúl? _____.

50. Una mujer corriendo, dejo caer a un niño, ¿quién fue ese niño? _____.

51. ¿Cuál fue el nombre, del hijo de David, el que izó guerra, contra él?_____.

52. ¿Cuándo David huía de su hijo, una persona lo maldijo, y le arrojo piedras?_____.

53. ¿Que rey fue, el que visito, a una adivina? _____.

54. ¿Cuál fue el nombre, del padre de Noé? _____.

55. ¿Cuál fue el nombre, del terse hijo de Adán?_____.

56. ¿Qué persona fue, el que fue levantado, en un carro de fuego?_____.

57. ¿Cuál fue el nombre, del criado de Eliseo?_____.

58. ¿Por causa de un hombre, Dios maldijo la tierra, quien fue ese hombre? _____.

59. ¿En la creación, que fue lo primero, que Dios creó?_____.

60. ¿Qué persona fue, al que echaron, en el foso de los leones? _____.

61. De Edén, salía cuatro rio, ¿cuál fue el nombre, del primer rio? _____.

62. De Abel y Caín, ¿cuál de los dos, es el mayor?_____.

63. ¿A qué persona fue, al que Dios le dijo, maldito tú de la tierra?_____.

64. ¿Cuantas concubinas, fueron las que tuvo, Salomón? _____.

65. ¿A Satanás, y a sus ángeles, Dios los vas arrojar a tierra? Sí, no _____.

66. ¿Cuál fue el nombre, del primer sacerdote? _____.

67. ¿Cuál fue el nombre, del secundo sacerdote? _____.

68. ¿Quién fue el que le cambio, el nombre a Josué? _____.

69. ¿Las dos tablas de piedras, estaban escritas, por ambos lados? Sí, no _____.

70. ¿En qué monte fue, que Salomó edifico casa a Jehová? _____.

71. ¿A qué persona fue, que los perros, se la comieron? _____.

Entretenimiento 36

GENESIS
ÉXODO
LEVITICO
NUMEROS
DEUTERONOMIO
JOSUE
JUECES
RUT
1SAMUEL
2SAMUEL
1REYES
2REYES
1CRONICAS
2CRONICAS
ESDRAS
NEHEMIAS
ESTER

JOB
SALMOS
PROVERBIOS
ECLESIATES
CANTARES
ISAIAS
JEREMIAS
LAMENTACIONES
EZEQUIEL
DANIEL
OSEAS
JOEL
AMOS
ABDIAS
JONAS
MIQUEAS
NAHUM

HABACUS
SOFONIAS
HAGEO
ZACARIAS
MALAQUIAS
MATEO
MARCOS
LUCAS
JUAN
HECHOS
ROMANOS
1CORINTIOS
2CORINTIOS
GALATAS
EFESIOS
FILIPENSESA

COLOSENSES
1TESALONICENSES
2TESALONICENSES
1TIMOTEO
2TIMOTEO
TITO
FILEMON
HEBREOS
SANTIAGO
1PEDRO
2PEDRO
1JUAN
2JUAN
3JUAN
JUDAS
POCALIPSIS

Completes de escribir, los libros de la Santa Biblia.

```
2C__RI__ __I__S,F__ __E__ __N, G__ __ __ __ __IS,__AB__ __US, L__ __A__.
E__ES__ __S,R__ __ __NO__, 1T__ __ __LON__ __ __N__ __S,__X__ __O.
__U__ __S, M__ __ __QUI__ __, 2T__ __ __TE__,T_T__, 2S__M__ __L.
C__L__ __ __ __SE__, N__H__ __, __ __VI__ __CO, Z__ __ __RI__ __.
LA__ __ __TA__ __ __ __ES, I__ __ __AS, D__U__ __ __ __N__ __ __O.
A__ __C__ __ __ __ __ __IS, E__ __E__ __A__ __S, J__B__ __ __TE__, J__ __N.
H__BR__ __ __ __, __U__ __RO__, 2__ __SA__ __ __ __CE__ __ES, J__E__. P__
__V__ __BI__ __, 1S__ __ __ __EL, 1J__ __N, M__ __ __ __O, S__ __M__ __.
2P__ __ __O, 1CR__ __ __CA__, __ __RE__ __AS, 1R__Y__ __, 3__ __ __N.
D__ __ __ __L, __O__U__, __O__O__ __AS, 1T__ __ __TE__, A__ __S, R__T.
2CR__ __ __ __ __S, Z__ __ __RI__ __, __ __NT__ __GO, M__ __C__ __.
__ __QUE__ __, __U__CE__,H__ __ __ __S, 2R__ __ __S,__A__ __A__ES.
__A__A__A__, 1CO__ __ __TI__ __, __ __LI__ __ __SES, N__H__ __ __A__.
ES__ __AS,__S__ __S, 2__ __A__, J__N__S, A__ __ __A__, __Z__QUI__ __.
1P__ __ __O, H__G__ __.
```

1. ¿Cuantos libros hay, en el Nuevo Testamento? _____.

2. ¿Cuantos libros hay, por todos? _____.

3. ¿Cuantos libros hay, en el Antiguo Testamento? _____.

Entretenimiento 36

Busque los libros, de la Santa Biblia. Y márquelo.

```
L C K L E V I T I C O H E X O D O W E S T E R P F B W Y
U A B T Z R P W M H D S G V J B T Q H N W C L U I P M F T
2 I M H J D E U T E R O N O M I O Z 2 F I V Y D L G A Q E
R W G E K U X I M F Z L Q P T G P T P Y T C F M I S L A P S
E F H A N P Z 2 C R O N I C A S J F E X I Q I V P V A T S A
Y C I I R T G W S N J X T M P Q B H D P M F L K E D Q I L L
E N C J Z H A Q O I E F E S I O S G R V O J E X N L U C O O
S T O K E D N C H V B K P W V Y H N O D T G M I S W I S N I
S I Z R V S W X Z I T Q N A H U M T S I F E K O C E J A Z C
J G I N E I I J T O H C V T B J F O C K O V N Q S L S O E
U Q N F S X S G T C N K X L N 2 H F W P U I D G M P Z H E N
A H T V D H A B I P L E F H U J D O J U A N Y R U T F N S
N D I B R Q M C T K N I S D X U Q N K S X P D V L Y W G S E
C K O C A I U F O J C W R M I A W I J O G A I T N A S O E S
L W S Y S L E P K X K Q Y P R N O A R Z M F Q L W N G V S
U J O F G O L S H A B A C U S H X S T H A G E O S J O E L J
C L S Z I D V Y N F L I W X Z B W C K P Q M B Z N L C K J
A I M I Q U E A S P G E N E S I S G S A I R A C A Z Z B O
S F P W S X N D M Q D J U T Q G P C U W X C Y M T O C K B
N Y I C R O N I C A S I H E C H O S W E Z E Q U I E L V Y N E
E M L Q P Z J F S W Z N C Q N T K L I K U J F M Y J L H N E
C V 2 T E S A L O N I C E N S E S I I R E Y E S I G G N E H
L X N W Q I D C T H D X P F W K P Q W T L B Q N P C A D K E
E A H Z P 2 S A M U E L Q J L H Q M Z N U M R O S T L K H
S C O L G L N X I T W P D U G E Y A D S O I D S I A O M E
I W E H U J U D A S H A K E M B I R I J U A N L 2 F T W I A S
A N T I M E P Q F I P N Y C Q R W C K A K X Y V C N S U A S
T F O C A W T H Z O R J G E T E N O J I I J C W O I Q C S
E U M Z T Y D F C H F O C S B O R S D S G E A H R L A A W S
S I I V E Q I A V Z V L N X K K S L W N A P R N Q I W B H S A
Q Y T G O V L S J J O N A S Z Q X I C I E E T C N P D Q A
C B 2 F P I N H X G Q W I R S E A S E A M M A J T Z I W L M
A K Z C P C I P E D R O R O I G W C Y S I I R V I F A J Y
N G I S I Q W N R T U C Q O S E A S U L G A E W O Q S Y O
T C I D O K L M A N O S H D A N I E L B H S N Z S U G N S
A S V N R O M A N O S K I Y K C Z J K X V N X I C M P X R
R N P K D U H Z Y C P I X D A N I E L T C J O E L E S E G
E F I C W B Q L P K M G W Y H R T P D G U Z A W U T J Q M
S Q P R O V E R B I O S V J O S U E X C O L O S E N S E S
```

50

Entretenimiento 37

Busque 21 Jehová.

```
A Z J E H O V A T B Q I L J
F S P C K D A V O H E J E H
J E H O V A I R L W U X E H
E Y J Z A V O H E J J T O V
H S L A V O H E J N E K V A
O U A V O H E J W Y H G A R
V A V O H E J K I B O M R Q
A T P J E H O V A K V J R Q
E G M Z L U E D G I A E C J
W C J E H O V A S V N H J
T Y B X L R N Y O W L O A J
T J E H O V A U H K D I V J
S U C Q M Z E G T C O A E
A V O H E J I L D H W G H
M P W Y K G N T E C U Q O
B X A V O H E J I W N K V
J E H O V A Q J E H O V A
```

Busque 6B, 8X, 7H, 8K, 9V, 7J, 3E, 6T, 9O.

```
Q D G S F Z C W I P U R L N
M A Y U I Q X B G D S Z F Y
P R C L W N H V Y Q I N C M
N Q D Z A F O J L W U A G S
S I K V O H J K E B E K X U Q
W K X K B V T X V H O J N D
N Y D U L F K T F S Q U P F
R A P I Q W H B A Z W Y C R
F M Z P C D J O M L D I G S
G L W F P Y X V R N P F Y Q
P Q B U I R T E P W L V D L
Y A K N S L B T Q U S T A P
K O T O J P H K M V X H O V
U M H A W C O X Y A L K Q C
Z I X F D N V J R I N J F U
D Q K S R Q P W L D G O Z S
L N F A Y I L C S A Y P M L
```

Busque 12 Jehová.

```
J K G N F A V O H E J R Z
C E P W U Q D X M C F A I
T G H L S Y Z J E H O V A
T R B Q O I F P L G W N O U
U S Y W V C K T U J D H U S
W Q P H D A M Z F E C E N
J I N S G U C J T H G J
E T C X D K Y E Z O S D R
H F J W L Q P H W V Q F A
O Y E U M Y T O I A N C V
V N H C Y K G V Q D K L O
A D O R F A R A U W F B H
M K V G V I D M C Y G I E
I Z A O C S J E H O V A J
C F H N W Q Z T N P T M K
W E L X P F J E H O V A F
J U Y I M U Z B L N C K S
```

Busque 5 veces cada letras J, E, H, O, V, A.

```
V B I N U C E Z F H K D G
K M J P X T L Q D W J N K
C U Y F G N I S X F C P D L
N Q L D W Y O C T G R A L
E I N S A K P L D N Q I W
W K U Y M Z O W S V C Z E
T F O P D T F M L U Y D G
H G X R Q I H D X P N W F
D C L N U C R U F L Z G O
M Y Q V G N L S Q M C I K
F S I W K F X A F Z J N P
U Z J B Z I P Y C T W S H
R D M L R E M D I F L T I
G P X N W X S Q O N K Y F
O W A U I C V K D U A M D
I Y F K G L F M P G C S X
L C Z E D H N J U I R Q V
```

Entretenimiento 38

Conteste todas las preguntas.

1. ¿A qué hombre fue, el que más vivió?_____.
2. ¿Cuál es el quinto mandamiento? _____.
3. ¿Cuál fue el nombre, de la joven, que calentaba al rey David? _____.
4. ¿Cuál fue el nombre, de la madre del rey Roboam? _____.
5. ¿Cuál fue el nombre, del primer rey? _____.
6. ¿Adónde era, que estaba Satanás, cuando él peco? _____.
7. ¿Cuánto día fueron, lo que se hecho Dios, a crear todas su creación? _____.
8. ¿Cuándo arrestaron a Jesús, que discípulo fue, el que saco una espada? _____.
9. ¿Cuál es el último, libro del AT?_____.
10. ¿Cuál fue el primer nombre, de la primera esposa, de Abraham? _____.
11. ¿De quiénes fueron los huesos, que Israel saco de Egipto?_____.
12. ¿Cuál fue el primer nombre, de Josué? _____.
13. ¿Cuál es la primera palabra, del AT?_____.
14. ¿Quién fue el que escribió el, último libro de NT? _____.
15. ¿Cuál fue el nombre, del monte que Moisés subió? _____.
16. ¿A dónde fue que Moisés, arrojo las dos tabla de piedra, y las quebró? _____,
    _____.
17. ¿Que es un vidente?_____.
18. ¿Que es el significado para Lazo? _____.
19. ¿Cuantos ángel fueron, los que se rebelaron contra su Dios? _____.
20. ¿Cual fue, el ángel que se le revelo a María? _____.
21. ¿Que es el significado, para legumbres? _____.
22. Una mujer gobernaba a Israel, ¿cuál fue su nombre? _____.
23. Moisés en el desierto: ¿una persona lo visito, y lo aconsejo a como juzgar, a Israel? _____.
24. ¿en qué monte fue, que el rey Saúl murió? _____.
25. ¿Cómo fue, que Judas Iscariote, murió?_____.
26. ¿Cuál fue el nombre, de la madre de Rubén, hijo de Jacob? _____.
27. ¿Cuál es el nombre, del Dios él Padre? _____.
28. ¿Cuál fue el nombre, del ciervo de Moisés? _____.
29. ¿Cuál fue el nombre, del último rey de Israel?_____.
30. ¿Cómo fue, que Juan el Bautista, murió? _____.
31. Y ellos dijeron: No tenemos aquí sino _____ panes_____ peces.
32. ¿A qué persona fue, que un gran pez lo trago? _____.

Entretenimiento 39

ALABO

ETERNO

DESECHADO

CIERTAMENTE

MANDAMIENTOS

SUSTENTAME

HABLABAN

AFIANZA

DESAMPARADOS

VIOLENCIA

SANTIDAD

POJO

LABIOS

JESUCRISTO

RESPONDEME

VIGILIAS

VIVIFICAME

ESTABLECIDO

REDIMEME

BENDIGANOS

MANIFESTARE

DEBILITASTE

JACOB

DOLORES

VISITARA

CABALLOS

DONCELLAS

ENRONQUECIDO

MONRTANDAD

JUZGAS

SIGLOS

LAMPARAS

INSTANTE

CORAZON

CALAVERA

AMADO

TITULO

ESCONDEDERO

ASTUCIA

CONOZCO

GALLO

DESEABA

HAZ

RECTO

SCAMINOS

RODILLAS

EXTRAVIADA

ALEJANDRO

MEDITAR

ALEJARON

PURPURA

CORONAS

FONDO

ESCUPIAN

LIBANO

GOLPEABAN

CORRALES

ALTURA

PUDRICION

JUDIOS

JUDAS

SELLOS

ENROLLA

RIQUEZAS

RELAMPAGOS

JUNTAMENTE

MONTABA

DESFALLECIERON

CUMPLIR

APARTAOS

FALSEDAD

MIEDO

MIENTES

MIRAME

ROSTRO

CONFIANZA

DICHOS

ERRANTE

ANDUVE

ALPA

MANDATOS

CERCANO

DEFIENDE

LAGUNAS

BARRABAS

AZOTARLE

IRA

REVISTA

PRETORIO

POBRE

ESTREMECI

FAZ

INFIERNO

PODER

REMOVIO

INCIENSO

ASPECTO

MULTITUD

ESJUSTICIA

CONTINUO

ABORREZCO

MALIGNOS

PILATO

OPRESOR

TESTIMONIOS

LIBRAME

ESTATUTOS

TROPIEZO

ALABANZA

TRAIAN

CRUZ

ESPERE

AYUDEN

CALLA

CAUSA

IZQUIERDA

VASTAGO

JEHOVA

ORO

TERROR

INJURIABAN

MERCADER

DENTRO

BERMEJO

GALATAS

SELLADO

HIGUERA

VOLANDO

PUERTA

Entretenimiento 39

Complete todas las palabras o nombres. Usen las palabras de la página 53.

A__ __BO, MA__ __ __TO__, DE__ __A__A, E__T__T__T__ __, E__ __R__O.

__YU__ __ __ __, __ __L__ __D__D, E__ __ __N__E__E__ __, L__GU__ __S.

__E__ __O__ __E__E, CR__ __ __, A__E__ __ __ON, V__ __ __ __ __GO, F__ __.

P__ __E__, __ __GU__ __A, __O__O__ __O, T__T__ __O, E__CU__ __ __N.

__ __LL__, R__ __T__, J__ __AS, J__ __ __B, TE__ __ __MO__ __ __S.

__ __RCA__ __, SU__T__ __T__ __E, __ __O, C__ __ __LI__, __OJO__.

DE__ __ __ __LE__ __ __ __ON, VIVI__ __ __ __ __E, V__ __LEN__ __ __. J__

__ __AME__ __ __ __, OP__ __ __ __ __R, __ __JU__ __ __CI__, F__ __DO . C__U__

__, I__FI__ __ __O, GA__ __TA__, D__ __EC__ __D__, PU__ __ __A.

GO__ __ __ __BAN, __X__ __ __VI__D__, P__ __ __ __RIO, B__RR__ __ __S.

__ __ __RR__Z__ __, A__A, __ __QUI__ __ __A, __ __TAB__ __CI__ __.

E__ __ __E__E__ __, PU__ __U__ __, PU__ __ __ __ION, LA__ __ __ __AS.

TR__ __ __ __ZO, A__A__A__ __A, RO__ __RO, S__LL__ __O, __UD__ __ __.

CO__ __ __ __UO, C__ __ __ZO__, __ __AR__ __ __S, B__ __IGA__ __ __.

MA__ __GN__ __, CA__ __VE__ __, M__ __ __ME, __IE__ __AM__ __TE.

CA__ __LL__ __, __ __ __ __ __ __MEME, I__ __, M__ __I__ __R, RE__ __VI__.

R__ __ __LL__ __, ME__ __AD__R, C__ __L__, H__ __, MU__ __ __TU__. A__

__JA__ __RO, MI__N__ __S, __RR__ __TE, S__LL__S, __F__ __ __ZA.

V__ __ __TA__ __, __I__I__I__S, __ __BR__ __E, DE__A__ __AR__ __ __S.

AZ__ __A__ __E, A__ __UV__, J__ __ __VA, DO__ __ __LL__ __, A__TU__A.

A__TU__ __ __, A__ __ __ __ __TO, CA__ __NO__, V__L__ __DO, J__Z__ __. R__

__ __MP__G__S, IN__ __ __ __N__E, I__ __IE__ __O, DE__I__ __DE.

SI__ __ __ __S, D__N__ __O, DO__ __RE__, CO__ __NA__, JE__ __CR__ __TO.

P__ __ __TO, P__ __R__, __ __B__NO, __EV__ __T__, __ __BILI__ __ __TE.

__ __RR__R, C__RR__ __ __S, A__AD__, DI__ __OS, MA__ __FE__ __ __RE.

E__ __E__E, M__N__ __M__ __N__ __S, S__N__ __D__D, MO__ __ __BA.

__NF__ __ __ZA, __RA__ __N, H__BL__ __AN, __ __RT__ __ __ __D. RI__

__ __ZA__, __ __RO__QUE__ __DO, __ __ROLL__, B__ __M__JO.

__ __JU__ __ __BAN, M__ __D__, LA__ __O.

54

Entretenimiento 40

Escriba un número del versículo, al versículo.

Gn 1:1   Jue 11:19   1S 31:11   1P 4:1

1. En el principio creó Dios los cielos y la tierra; _____.

Ef 1:1   Nah3:8   Cnt 5:1   Ro 2:17

2. Pablo, apóstol de Jesucristo por la voluntad de Dios, a los santos y fieles en Cristo Je- sús que están en Efeso; _____.

Ap 1:15   Stg 4:6   Dn 4:1   Gn 9:10

3. Nabucodonosor rey, a todos los pueblos, naciones y lenguas que moran en toda la tie- rra: Paz os sea multiplicada; _____.

Sal 36:9   Ap 5:1   Mr 15:36   Ap 21:13

4. Y vi en la mano derecha del que estaba sentado en el trono un libro escrito por dentro y por fuera, sellado con siete sellos; _____.

Lc 13:27   Dt 27:19   Job 33:30   Sal 150:6

5. Todos lo que respira alabe a Jehová. Aleluya; _____.

2Cr 32:30   Hch 9:39   Éx 33:15   Sal 78:72

6. Y Moisés respondió: Si tu presencia no ha de ir conmigo, no nos saques de aquí; ____, _____

He 9:11   Lc 5:33   Rt 1:22,   Os 13:15

7. Entonces ellos le dijeron: Porque los discípulos de Juan ayunan muchas veces y hacen oraciones, y asimismo los de los fariseos, pero los tuyos comen y beben; _____.

Jos 20:5   Zac 6:7   Gn 5:32   Est8:17

8. Y siendo Noé de quinientos años, engendró a Sem, a Cam y a Jafet; _____.

2R 25:28   Hag 2:19   1S8:10   Jr 20:16

9. Y le habló con benevolencia, y puso su trono más alto que los tronos de los reyes que estaban con él en Babilonia; _____.

1Ti 3:15   1Co 12:10   1S 21:6   Ap 13:1

10. A otro, el hacer milagros; a otro profecía; a otro, discernimiento de espíritu; a otro, diversos géneros de lenguas; y a otro, interpretación de lenguas; _____.

Gn 29:1   1R 1:47   Jn 21:25   Ez 2:1

11. Me dijo: Hijo de hombre, ponte sobre tus pies, y hablaré contigo; _____.

Entretenimiento 41

Busque en la Biblia, para completar los versículos.

1. En el principio _____ Dios los _____ y la tierra. (Génesis 1:1).

2. Alabadle por sus _____; Alabadle _____ a la muchedumbre de su grandeza. (Sal 150:2).

3. Yo Juan, vuestro hermano, y copartícipe _____ en la tribulación, en el _____ y en la paciencia de Jesucristo, estaba en la isla llamada _____, por causa de la _____ de Dios y el testimonio de Jesucristo. (Ap 1:9).

4. Y he aquí la gloria del Dios de _____, que venía del oriente; y su _____. era como el sonido de muchas _____, y la tierra resplandecía a _____ de su gloria. (Ez 43:2).

5. Así trajeron el _____ de Dios, y la pusieron en _____ de la tienda que David _____ levantado para ella; y ofrecieron _____ y sacrificios de paz delante de _____. (1Cr 16:1).

6. Y a los ángeles que no _____ su dignidad, sino que _____ su propia morada, los ha _____ bajo oscuridad, en _____ eternas, para el juicio del _____ día.(Jud 6).

7. Entonces vino _____ y le dijo: Maestro _____, que bien haré _____ tener la _____ eterna. (Mt 19:16).

8. Luego que supo Mardoqueo todo lo que se _____ hecho, rasgó sus _____ se vistió de _____ y de ceniza, y se fue por la _____ clamando con grande y amargo _____. (Est 4:1).

9. Vi un cielo _____ y una _____ nueva; porque el primer _____ y la primera tierra _____, y el mar ya no existía más. (Ap 21:1).

10. Pueblos todos, batid las _____; aclamad a Dios con _____ de júbilo, (Sal 47:1).

11. Vino, pues, Jesús, y _____ que hacía ya _____ días que Lázaro estaba en el _____. (Jn 11:17).

12. Venida la mañana, todos los _____ sacerdotes y los _____ del pueblo entraron en _____ contra Jesús, para entregarle a muerte. (Mt 27:1).

13. Aconteció que al cumplirse el _____, después de haber _____ Ana, dio a luz un _____, y le puso por _____ Samuel, diciendo: Por _____ lo pedí aJehová. (1S 1:20).

14. Y pasados los cuatrocientos _____ años, en el _____ día todas las hueste de Jehová _____ de la tierra de Egipto. (Éx 12:41.)

15. El Cristo, rey de _____, descienda ahora de la _____, para que _____ y creamos. También los que estaban _____ con él le injuriaban. (Mr 15:32).

Entretenimiento 42

Usen la Santa Biblia, para completes, de escribir los versículos.

1. Gn 1:1 En el p__i__c__p__o c__eó D__os los c__e__os y la t__e__ra.

2. Mt 19:1 A__o__t__c__ó que c__a__do J__s__s t__r__i__o e__t__s p__i__bas, se a__e__ó de G__l__l__a, y fue a las r__g__o__es de J__d__a al o__ro l__do del L__r__án.

3. Jos 23:5 Y Jeh__vá v__est__o D__os las e__h__rá de del__n__e de v__s__tr__s v__s__t__os, y las a__r__j__rá de v__e__t__a p__e__e__c__a; y v__s__t__os p__s__e__é__s sus t__e__r__s, c__mo J__h__vá v__e__t__o D__os os ha d__c__ d__c__o.

4. Neh 4:17 Los que e__i__i__a__an en el m__ro, los que a__a__r__a__an, y los que c__r__a__an, con una m__no t__a__a__a__an en la o__ra, y en la o__ra ten__an t__n__an la e__p__da.

5. Ap 11:6 E__t__s t__e__en p__d__r p__ra c__r__ar el c__e__o, a f__n de que no ll__e__a en los d__as de su p__o__e__ía; y t__e__en p__d__r s__b__e las a__uas p__ra c__n__e__t__r__as en s__n__re, y p__ra h__r__r la t__e__ra con t__d__ p__a__a, c__a__t__s v__c__s q__i__r__n.

6. Ez 40:42 Las c__a__ro m__s__s p__ra el h__l__c__u__to e__an de p__e__ra l__bra__a, de un c__do y m__d__o de l__n__i__ud, y co__o y m__d__o de aneho, y de un c__do de a__t__ra; s__b__e é__t__s p__n__r__n los u__e__s__l__os con que d__g__l__a__án el h__l__c__u__to y el s__c__i__io.

7. Jn 8:19 E__l__s le d__j__r__n: ¿D__n__e e__tá tu P__d__e? R__s__o__d__ó J__s__s: Ni a mí me c__n__c__is, ni a mi P__d__e; si a mí me c__n__cie__e__s, t__m__i__n a mi P__d__e c__n__c__r__a__s.

8. Is 44:23 C__n__ad l__o__es, oh cie__os, p__r__ue J__h__vá lo h__zo; gri__ad con j__b__lo, p__o__u__did__d__s de la t__e__ra; p__o__r__m__id, mon__es, en a__a__a__za; b__s__ue, y t__do á__b__l que en él e__tá; p__r__ue J__h__vá r__d__m__ó a J__c__b, y en I__r__el s__rá g__o__i__i__a__o.

9. Lc 20:8 E__ton__es J__s__s les d__jo: Yo t__m__o__o os diré con qué autoridad h__go e__t__s c__s__s.

10. Hch 4:27 P__r__ue v__r__a__e__a__e__te se u__i__r__n en e__ta c__u__ad c__n__ra tu s__n__o H__jo J__s__s, a q__i__n u__gis__e, H__rod__s y Poncio P__l__to, con los g__n__i__es y el p__e__lo de I__r__el.

Entretenimiento 43

Conteste todas las preguntas.

1. ¿Cómo es que se llama, el Hijo de Jehová? _____.
2. ¿Quien fue, el padre de Saúl? _____.
3. ¿Quien fue, el padre de Jacobo, y de su hermano Juan? _____.
4. ¿Quien fue, el padre de David? _____.
5. ¿Quien fue, el padre de Lot? _____.
6. ¿Quien fue, el segundo hijo de Abraham? _____.
7. ¿Quien fue, el padre de Esaú? _____.
8. ¿Quien fue, el hijo mayor de Sem?_____.
9. ¿Quien fue, el padre de Cis? _____.
10. ¿Quien fue, el hijo de Zacarías, el esposo de Elisabet? _____.
11. ¿Quien fue, el padre de Roboam? _____.
12. ¿Quién fue el padre de Sofonías? _____.
13. ¿Cuál fue el nombre, del hijo mayor de Noé? _____.
14. ¿Quien fue, el padre de Jonatán, el amigo de David? _____.
15. ¿Cómo fue que se llamó, el cuarto hijo de Jacob? _____.
16. ¿Quien fue, el padre de José, el esposo de María? _____.
17. ¿Quien fue, el primer hijo Adán? _____.
18. ¿Quien fue, el padre de Fares? _____.
19. ¿Quien fue, el padre del rey Abiam? _____.
20. ¿Quien fue, el padre de Eliseo? _____.
21. ¿Quien fue, el padre de Salomón? _____.
22. ¿Quien fue, el padre de Isaías? _____.
23. ¿Quien fue, el hijo de Set? _____.
24. ¿Quien fue, el padre de Iamael? _____.
25. ¿Quien fue, el padre de Obed? _____.
26. ¿Quien fue, el padre de Nehemías? _____.
27. ¿Quien fue, el padre de Joel? _____.
28. ¿Quien fue, el padre de Jeremías? _____.
29. ¿Quiénes fueron, los hijos de José? _____ _____.
30. ¿Quien fue, el hijo de Lamec? _____.
31. ¿Quien fue, el padre de Abram? _____.
32. ¿Quien fue, el hijo padre de Rubén? _____.
33. ¿Quien fue, el hijo primogénito de Aarón? _____.
34. ¿Quien fue, el hijo primogénito de Aarón? _____.

Entretenimiento 44

Escriba una palabra, al versículo que les convienen.

Dios   cielos   tierra   principio

1. En el _____ creó _____ los _____ y la _____.

conmigo   recoge   contra

2. El que no es _____, _____ mi es; y el que no _____ desparrama.

costas   reina   tierra

3. Jehová _____; regocíjese la _____ Alégrense las muchas _____.

sacerdotes   trompetas   instrumentos   estaban

4. Y los levitas _____ con los _____ de David, y los _____ con _____.

cuerpo   decorosos   honor   faltaba   nosotros   necesidad

5. Porque los que en _____ son más _____, no tienen _____; pero Dios ordenó el _____, dando más abundante _____ al que le _____.

ángeles   arriba   grande   piedad   carne   Espíritu   mundo

6. E indiscutiblemente, _____ es el misterio de la _____: Dios fue manifest- ado en _____, justificado en el _____, Visto de los _____, Predicado a los gentiles, Creído en el _____, Recibido _____ en gloria.

comerá   quemada   sacerdote

7. Toda ofrenda de _____ será enteramente _____; no se _____.

Travesía   orilla   tierra

8. Terminada la _____, vinieron a _____ de Genesaret, y arribaron a la _____.

pecho   roba   semejante   oro   hombre   pies   siente

9. Y en medio de los _____ candeleros, a uno _____ al Hijo del _____, vestido de una _____ que llegaba hasta los _____, y ceñido por el _____ con un cinto de _____.

Entretenimiento 45

En los cuatro cuadros, busque toda las palabras o nombres, que tengan las letras "S".

```
M O S C A W V D
T H Q W I B R I
P A S A R A G O
K F J V D Y K S
S A M A R I A Q
```

EFRAIN	CALZADO
PAZ	SAMARIA
ERROR	MADIAN
REZIN	JUNTARA
ETERNO	FUERTE
LLAMA	MIEDO
PARTES	ORIENTE

```
P A R T E S K M
R H C J W I U E
D E S D E O Z S
G K Y D X V B E
M O N T E S Q S
```

VIV JEHOVA ADMIRABLE SOBRE PASADO OPRESOR DIOS PONLE
ACAZ CARDOS SIRIA VIRGEN TOMA ASIRIA MOSCA ADELANTE
PASARA INUNDARA LLEGARAN VALIAN MANTEQUILLA CARNERO
HALLADOS CRIARA ACAMPARAN DESDE JEBEREQUIAS DELANTE

```
O P R E S O R L
V H G V X E W K
J P A S C U A Z
E W O K E P Q C
B K H V Y W I A
E V J Q K X C R
R C U A I E S D
E Y P O K A Y O
Q B G V Z L Q S
U N W R W S K V
I D A S I R I A
A T K M B L V D
S V Q Z H A Y T
G R C L V O K R
S B U R I B Q E
E I E W E G H P
R L N H J Z M O
V G T U O L A S
I O E Z S K D O
R K S B N I R T
Y F Y K V D E V
S O B R E S S R
```

MILCA	MONTES
FIESTAS	QUINCE
PASCUA	MENTIRA
ABRIRA	CARNERO
ACEITE	OFRENDA
FILO	AHIMAN
PIEZAS	CIENTO
PELEA	CUALES
BEZEC	MOISES
BEBER	EDADES
GRATO	MACHO
OCTAVO	REPOSO
PADRES	MESES
SERVIR	VIENTO
NOCHE	PECADO
ROJOS	VIEJOS
AARON	ACASO
TRAERE	CUENTES
HEMOS	MIRAD
PELLIZA	MENOR
ESTERIL	BETUEL
ALZO	SALIDO
REBECA	RUEGO
MADRES	BUENO

```
P A S A D O W D
X O E W N G I F
O E D A D E S I
W P R O B K C E
M T Y I X G S S
O E P F W C A T
I O A S R K L A
S H D G O U I S
E D R W J A D W
S J E I O R O J
B Z S M S Y E 3
L D Y E U D C T
Y W O K A W O Z
Z Y E S I R I A
H D S H D Q U T
A X T U A X G D
L V E J C N V H
L Q R Q A E B E
A N I Y S K R M
D W L E O W T O
O B T V B I Q S
S K W P I E A S
```

Entretenimiento 46

Los descendientes de Adán. Complete los nombres. En "Gn 5:1-32".

1. Este es el libro de las generaciones de Ad__ __. El día en que creó Dios al hombre, a semejanza de Dios lo hizo.
2. Varón y hembra los creó; y los bendijo, y llamó el nombre de ellos A__á__, el día en que fueron creados.
3. Y vivió A__ __n ciento treinta años, y engendró un hijo a su semejanza, conforme a su imagen, y llamo su nombre S__t.
4. Y fueron los días de __dá__ después que engendró a __et, ochocientos años, y enge- ndró hijos e hijas.
5. Y fueron todos los días que vivió __ __án novecientos treinta años; y murió.
6. Y vivió Se__ciento cinco años, y engendró a E__ __s.
7. Y vivió S__ __, después que engendró a En__ __, ochocientos siete años, y engendró hijos e hijas.
8. Y fueron todos los días de S__t novecientos doce años; y murió.
9. Y vivió E__ós noventa años, y engendró a C__ __n__n.
10. Y vivió __nó__, después que engendró a C__ __ __án, ochocientos quince años, y engendró hijos e hijas.
11. Y fueron todos los días de E__o__ novecientos cinco años; y murió.
12. Y vivió Cai__ __n setenta años, y engendró a M__ __ __la__ __ __l.
13. Y vivió Ca__ __ __n, después que engendró a __ah__ __ __leel, ochocientos cua-renta años, y engendró hijos e hijas.
14. Y fueron todos los días de Ca__ __ __n novecientos diez años, y murió.
15. Y vivió M__ __ala__ __e__ sesenta, y cinco años, y engendró a J__ __ __d.
16. Y vivió M__ __al__ __ __el, después que engendró a J__r__d, ochocientos treinta años, y engendró hijos e hijas.
17. Y fueron todos los días de M__h__ __ale__ __ ochocientos noventa y cinco años; y murió.
18. Y vivió J__ __ __d ciento sesenta y dos años, y engendró a E__ __c.
19. Y vivió __a__ed, después que engendró a a__no__, ochocientos años, y engendró hijos e hijas.
20. Y fueron todos los días de __a__e__ novecientos sesenta y dos años; y murió.
21. Y vivió En __c sesenta y cinco años, y engendró a M__ __ __sa__ __n.
22. Y caminó En__ __ con Dios, después que engendró a M__tu__ __lé__, trescientos años, y engendró hijos e hijas.
23. Y fueron todos los días de __ __oc trescientos sesenta y cinco años.
24. Caminó, pues, E__oc con Dios, y desapareció, porque le llevó Dios.
25. Y vivió M__ __ __sa__ __n ciento ochenta y siete años, y engendró a L__ __ __c.
26. Y vivió __ __tu__ __lé__, después que engendró a __a__ __c, setecientos ochenta y dos años, y engendró hijos e hijas.

61

27 Fueron, pues, todos los días de __atu__ ___ ___én novecientos sesenta y nueve años; y murió.

28 Y vivió L___ ___ ___c ciento ochenta y dos años, y engendró un hijo.

29 Y llamó su nombre N___é, diciendo: Este nos aliviará de nuestras manos, a causa de la tierra que Jehová maldijo.

30 Y vivió La___ ___c, después que engendró a ___oé, quinientos noventa y cinco años, y engendró hijo e hijas.

31 Y fueron todos los días de ___am___ ___ setecientos setenta y siete años; y murió.

32 Y siendo N___é de quinientos años, engendró a S___m, a C___m, y a J___ ___ ___t.

Busque cada nombres de cada persona, tres veces. Y márquelos.

```
E N O S Q I J A F E T C Z H S E T G V F C A M J K X N A D A
I Q D A W E X Y J K O F U N A Q C R H D O L P W Z C F M V S
U T C N O L A M E C J B L P W D K F M A T U S A L E N T U F
R V H U L K P Z G O T V N I C J L X Q W H R Y D G V J P A O
S E M D N X F Q E W Y J R S F A N D M H C A I N A N O V G K
N Z K I C A D A N D A U L T X R E H S O P W Q C G Z T L X M
E W P E M B H K W S X N U Y M E K Q D L S E M P U N O E I A
B O S E T X C I F R L O P Q A D V C J N Z L R W J F K Y S H
M F V J A R T V N E Y E J D W R L I A G E N O C S U P Q D A
A Y S N H W E C G N W I O L M F Z G F H V P Y M E G A N C L
H C G L Z T N K P O A U D K X H Y J E C M X B G O D L G F A
A Q E M B H O X W C Z C E N O S K L T Y W H V S E T M I K L
L X O A J P C H D N Q M T W A I C Z B I S N D K P Q F Y D E
A T K T N Z V F C S D H F V R D P O U F A Y C L S G N W H E
L W C U A E I R A E W M A H A L A L E E L F S N O E T B C L
E Q H S F J F W M Q V O C P D K Q I P C K O B G Z Y D Q M O
E I D A G L K Y I B P G C A M B C R Y X A L N J T F C I R V
L P W L K Q U G O L Z V O U I V A L V B Y M J A R E D W Q H
C X Y E P O C A I N A N B Z J A F E T H W B K L C O A N P C
L U F N Q H N K J R G T J Y C K Q J D Z N P M G U I D K F N
A O L C Z D L A N W Y B K F U I W S O H V A D A N R Q Y V A
M D R E N O S F X I N L W R N D F I D X I K Q U K C P W I N
E G J V S I S P Y C E K M A T U S A L E N V T O A I D U F I
C Z T I W J A R E D J A I L O F J W H U C F X P F N G C J A
L M A X U C P Q I G O N D C Q G T N F B L A M E C O Q L W C
E S O Y D K Z N L V S Y O S E M I P R L K Z I J T A I D S N
```

Entretenimiento 47

Complete los versículos, usando la Santa Biblia.

1 Ez 27:23 _____, _____, _____, y los _____ de _____, de _____ y de _____, _____ _____.

2 Hch 13:10 dijo: ¡Oh, _____ de todo _____ y de toda _____, _____ del _____, _____ de toda _____! ¿No _____ de _____ los _____ del _____?

3 Mr 4:9 _____ les dijo: El que _____ _____ pera _____, _____.

4 Mt 22:18 Pero _____, _____ la _____ de _____, les dijo: ¿Por qué me _____, _____?

5 Sal 149:1 _____ a _____ _____ _____; Su _____ _____ en la _____ de los _____.

Las palabras que completo los versículos, búsquelas en el cuadro, Y márquelas.

```
L L E N O R E C T O S Q H A R A N G K E N E M I G O B Z H
L K B Z J N Y G L D W F M U L P Q V F J T A W K M H F Y I
M I S W U D K P F M V X E O C J T N Y B V R H D E J X A J
A C E X H M A L I C I A V I W L Z E L L O S F U N L C R O
L K Ñ B Y F O Q P Z K G T D N B J K Y Z N U M F T W A P N
D F O U D C A N T A D H V O G R C A N T I C O Q O Y M Z H
A W R L E V S F B Y L M E S J U Z O L P Q W F U N K I G D
D S H X K J D U R P C Q A H N W I D M A F X G D C L N R X
R N C M Y S A N T O S K D M T N K J Y S C R L B E N O Y V
J P J F L F J I D M H X U E P Q E N G A Ñ O M T S W S U F
V Q E G O Z B C V Z S Y N R X B O K L Q D G U P B F V I C
E B S D A D I A B L O W O C I T R A S T O R N A R Y M D G
X L U J N K V W G N H F V A S M B P X V W J F Y N O U S Q
M G S Z V Y O D U F C X T D R W G N S Z D C V A W H K V A
C W O P A L A B A N Z A I E P I J E H O V A P G F O I R H
A X F R S K N X T L P U C R U Z M Y T B G F W K U N P Q J
N U K V M L Z H W V J H L E W C S E A X D L S V E A Z K I
E Y J T I E N E Z Q X E V S N V F K W N V A U I D H L D P
L D B Q P H A L F A N Y F Z D P G M I T B L J Y E V T R C
O I G A K A X R H I P O C R I T A S E A U P F A N I E L E
H Z T L I C P W G C L M Z B L C I N V Q R X N O Y C N D S
F N H R V A N U E V O D A W Q K T D S O W G J D Z W T V A
W C I W Y V B J X F M U C O N G R E G A C I O N T F A Q R
P S D N Z L S O P G L T V I J H A M V K U W P C N Z I W A
A K O J U S T I C I A W X M K C O N O C I E N D O A S P S
```

63

Entretenimiento 48

Busque estas letras, en los cuadritos del cuadro. Y cuando la encuentres, dibuje el cuadrito, al color que les gustes. U, A, O, F, T, D, S, M, I, E, C, L, B, N.

```
G Z K W J V R H Y K Q P X G J V X H R Q Z W G K V Y P J X
X H A I O D U B S L V K H R Y Q G J V Y P R Q Z H T X W K
V J T C N F A M E O R Z Q P J V Z Y K W J H X V P G Y Z V
P R G K Y L I W Z V J K H Y W X Q G P Z V R K Q Y V J W R
Q X H V P D O K F D T N J M F L U H I R G M J T A U N Z Y
J T W B I S N Q C U A O I C B D T J E W X F H E M E C O A
K G P T Y B D W I L R V D S T Y F A U Q S L N B S U Q F P
Y Z Q O R F C X M E N I G L I N O P N C K D Y L I N B G W
W K H F A M S G O T U A Y E L C B Z L S T C V C M D T X H
R P V Y G T L V I F Z W K V Q M T H F I E U J P F O K D
H J L D O U F S N S B D C N U F D G M U D S K O U M I E L
P X U M E N B X C D T O G T I S O P B L N O Y N T C B F W
V R W C P V R H Q F Z J M Y L X Q V W H C F R S W D Y H N
G Q J U I D Z B N A K S E L F H A K L S E Y I V H N X O C
Z Y X B K L T W O D G I R A S Q U B X C U N E J D P T V Z
P K G M A E I V M I P U M U I O T C P T F S O M Q K L I F
J V R L H N D Y C S Q D F C L Y D N H B D A H R V W A E N
Q W N Y F P A N F L F J O K E N W B E G O N C U Z I S H J C
H G J I W O S J B A Z C H M T V F O K E L F B Y X N P B Q
X P Q D N C B A T N W N V B U L A S J U I W Z D O E U G W
R J W T V M F U S I D E G S O E M N F D M O N V T L R Z I
V K Z A I U E O A C K O L N C U I B K C T S F H A S Y N D
W Q H O N D K G V F M F A T V A G T E X L U Y I C D J V X
```

Preguntas sobre Jesús.

1 La madre de Jesús: ¿Su nombre era María? Sí o no _____.

2 Juan el Bautista: ¿Él fue el que bautizo, a Jesús? Sí o no _____.

3 La tumba de Jesús: ¿Arquen la llegaron de usar? Sí o no _____.

4 El que pidió el cuerpo de Jesús: ¿Su nombre fue José? Sí o no _____.

5 ¿El Diablos tentó a Jesús, tres veces? Sí o no _____.

6 ¿Los padres de Jesús, y el niñito Jesús, ellos llegaron a vivir en Egipto? Sí o no _____.

7 Los magos: ¿Le trajeron al niñito Jesús tres regalos? Sí o no _____.

8 ¿Jesús nació en el día? Sí o no _____.

9 ¿Jesús tenías dos hermanos? Sí o no _____.

10 ¿Jesús estuvo tres días, y tres noches en ayuno? Sí o no _____.

11 ¿Jesús el bautizaba? Sí o no _____.

Entretenimiento 49

Estudie en la Biblia los versículos, y busque las palabras, y cuando encuentre la palabra escriba el número de eses versículos, al lado de esas palabras.

Estudie en Salmos 3:1-8.
Heriste _____, Adversarios _____, Levántate _____, Pueblo _____.

Estudie en Génesis 1:1-13.
Espíritu _____, Noche _____, Mares _____, Separe _____.

Estudie en Job 1:1-12.
Blasfema _____, Quizá _____, Varón _____, Extiende _____.

Estudie en Hechos 7:12-25.
Maltratado _____, Expusiesen _____, Segunda _____, Hamor _____.

Estudie en Salmos 115:1-13.
Acordó _____, Nombre _____, Huelen _____, Aarón _____.

Estudie en 1Pedro 4:1-11.
Juzgar _____, Desenfreno _____, Amén _____, Minístrelo _____.

Estudie en 2Crónicas 9:13-28.
Caballerizas _____, Sefela _____, Mercaderes _____, Jamás _____.

Estudie en Amos 8:4-14.
Beerseba _____, Arruináis _____, Doncellas _____, Postrimería _____.

Estudia en Éxodo 20:1-26.
Millares _____, Semejanza _____, Alarguen _____, Inclinarás _____.

Estudie en Proverbios 23:1-21.
Menospreciará _____, Vestidos _____, Cuchillo _____, Volarán _____.

Estudie en Isaías 25:1:12.
Humillará _____, Suculentos _____, Maravillas _____, Lágrima _____.

Estudie en Apocalipsis 14:1-13.
Adelante _____, Azufre _____, Sion_____, Ciudad _____.

Estudie en 1Samuel 21:1-15.
Demente _____, Sagrado _____, Levantándose _____, Dámela _____.

Entretenimiento 50

Conteste todas las preguntas.

1. ¿Cuál fue el secundo árbol, que la Biblia lo menciona? _____.

2. ¿Cuántos hijos fueron, lo que tuvo Elimelec, y su esposa Noemí? _____.

3. ¿Cuál fue el nombre, del hijo de David, que fue muy sabio? _____.

4. ¿Qué era lo que salía de Edén, que se repartías en cuatro brazos? _____.

5. Un ángel, se le apareció a María, la madre de Jesús, ¿en qué mes?_____.

6. ¿Cuál fue el nombre, del padre de Jonás?_____.

7. ¿Cuántos hijos e hijas fueron, lo que tuvieron, Elcana y su esposa? _____.

8. ¿Cuantos años fueron, lo que reino el rey Salomón? _____.

9. ¿A qué persona fue, que Satanás, le quito todo lo que el tenías? _____.

10. ¿Satanás llego a pecar, en los cielos, o en la tierra? _____.

11. ¿Quien fue, el que vendió su primogenitura? _____.

12. ¿Cuántos hijos fueron, lo que tuvo Jacob? _____.

13. ¿Quién fue el que tocaba, un arpa a un rey? _____.

14. De las siete iglesias de Ap, ¿cuál es el nombre, de la última iglesia?_____.

15. ¿Quien fue, el que escribió los Proverbios? _____.

16. ¿Cuantos demonios fueron, lo que Jesús saco de María Magdalena? _____.

17. ¿Cuál fue el nombre, de la mujer de Moisés? _____.

18. ¿A que persona fue, el que quedo como mudo, por no creo al ángel? _____.

19. ¿Quien fue, el que no vio muerte, hasta que vio, al niñito Jesús? _____.

20. ¿En qué tierra fue, que Pablo murió? _____.

21. ¿A dónde es que los creyentes, reinaran para siempre? _____.

22. ¿Que discípulos fue, el que camino sobre las aguas? _____.

23. ¿Qué persona fue, el que encontró mandrágoras? _____.

Entretenimiento 51

Completes los versículos. Usando la Sata Biblia.

1, Dn 5:24; _____ de su _____ fue _____ la_____ que
_____ _____ _____.

2, 1Co 6:14; Y _____, que _____ al _____, _____
a _____ nos _____ con su _____.

3, 2Cr 9:17; _____ _____ el rey un _____ de _____,
y lo _____ de oro _____.

4, Jer 14:11; Me dijo _____: No _____ por _____
_____.

5, Lc 17:1; Dijo _____ a sus _____: _____ es que no
_____; mas ay de _____ por _____ _____.

6, Ap 12:8; _____ no _____, ni se _____ ya _____
_____ en el _____.

7, Ro 6:1; Que _____, _____? _____ en el _____
_____ que la _____ _____.

8, Pr 22:5; _____ y _____ hay en el _____ del _____; El que
_____ su _____ se _____ de _____.

9, Sal 3:3; Mas tú, _____, _____ _____ _____ de
mí; Mi _____, y el que _____ mi _____.

Complete las palabras, usando las palabras de los versículos, del lado de arriba.

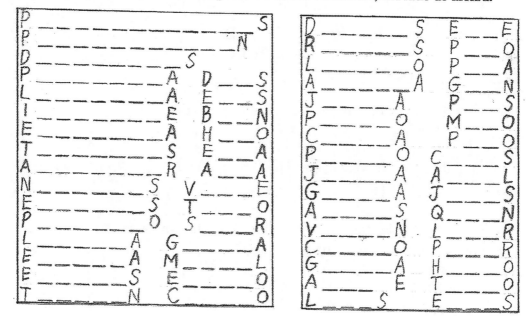

Entretenimiento 52

Escriba un número del Versículo, a la pregunta del versículo.

1. En el principio creó Dios los cielos y la tierra; _____.
   Gn 4:9   Dt 20:1   Gn 1:1   2Co 4:6

2. Todo lo que respire alabe a Jehová Aleluya; _____.
   Nm 6:9   Is 54:9   Sal 150:6   Mi 6:13

3. Os digo que todo aquel que me confesare delante de los hombres también el hijo
   del Hombre le confesará delante de los ángeles de Dios; _____.
   Jn 19:28   Lc 12:8   Hch 7:9   Ap 15:8

4. Cuando abrió el sétimo sello, se hizo silencio en el cielo, como por media hora; ____
   Ap 19:12   Mt 27:9   Fil 1:22   Ap 8:1

5. Las palabras de Jeremía hijo de Hilcías, de los sacerdotes que estuvieron en
   Anatot, en tierra de Benjamín; _____.
   Jer 1:1   1S 16:27   Dn 2:10   2Ts 3:15

6. Alaban el nombre de Jehová; Alabadle, siervos de Jehová; _____.
   Jer 13:5   Gn 7:4   Sal 135:1   Mr 4:8

7. En el octavo mes del año segundo de Darío, palabra de Jehová al profeta
   Zacarías hij- o de Berequías, hijo de Iddo, diciendo; _____.
   Is 14:7   Dt 6:12   Zac 1:1   Lm 2:1

8. Los hijos de Paros, dos mil ciento setenta y dos; _____.
   Rt 4:1   Esd 2:3   Lc 10:7   Lv 4:19

9. Principio del evangelio de Jesucristo, Hijo de Dios; _____.
   Mr 1:1   1Ti 5:15   Nm 16:20   Gá 6:13

10. Pablo, apóstol de Jesucristo por mandato de Dios nuestro Salvador, y del Señor
    Jes- ucristo nuestra esperanza; _____.
    1Ti 1:12   2P 2:1   Sal 5:12   1S 6:11

11. Esta es la bendición con la cual bendijo Moisés varón de Dios a los hijos de
    Israel, a- ntes que muriese;_____.
    Dt 33:1   Am 3:8   2Cr 32:20   Jn 21:1

12. Un varón de la familia de Leví fue y tomó por mujer a una hija de Laví; _____.
    Éx 2:1   1R 21:11   Ez 47:13   Hch 21:35

Entretenimiento 53

Conteste todas las preguntas.

1. La cabeza que fue traída en un plato, ¿fue la cabeza de Juan el Bautista? Sí, no; _____.

2. José hijo de Israel, ¿él fue pastor de ovejas? Sí, no; _____.

3. ¿Raquel fue la primera esposa, de Jacob? Sí, no; _____.

4. ¿David fue el séptimo hijo de Isaí? Sí, no; _____.

5. ¿Salomón termino de construir el templo, en dos años? Sí, no; _____.

6. ¿Adán él fue el que peco primero? Sí, no; _____.

7. ¿Eliseo él era calvo? Sí, no; _____.

8. ¿Matías lleco a escoger, el puesto de Judas Iscariote? Sí, no; _____.

9. ¿El Espíritu Santo, es el tercer Dios? Sí, no; _____.

10. ¿Los varones del rey Ezequías, ellos copiaron algunos Proverbios? Sí, no; _____.

11. ¿El tío de Marcos, su nombre fue Bernabé? Sí, no; _____.

12. ¿El Espíritu Santo, es un don? Sí, no; _____.

13. ¿Que dos personas fueron, lo que no tuvieron, padre ni madre? _____, _____.

14. De los tres amigos de Job, ¿cuál fue el nombre del más joven? _____.

15. ¿Esaú fue llamado Edom? Sí, no; _____.

16. ¿Moisés le cambio el nombre, a Josué? Sí, no; _____

17. Jesús le dijo a un discípulo, quítate de delante de mí, Satanás Sí, no; _____.

18. ¿A qué persona fue, el que fue vendido? en Egipto; _____.

19. ¿Noé tuvo hermanos y hermanas? Sí, no; _____.

20. El rey Saúl, ¿el mismo se quitó la vida? Sí, no; _____.

21. ¿Jonás, tuvo en el vientre del pez, por un día? Sí, no; _____.

22. ¿Israel fue cautivo en Babilonia, por 55 años? Sí, no; _____

23. ¿Dios arrojara a Satanás, y a sus ángeles, a tierra? Sí, no; _____.

24. ¿Israel llego a dividirse, en dos reinos? Sí, no; _____.

25. Antes de toda la creación, ¿Dios creó a Jesús primero? Sí, no; _____.

26. ¿Génesis es el secundó libro, en la Biblia? Sí, no; _____.

27. ¿Judá y Benjamín, ellos dos se unieron, en un solo reino? Sí, no; _____.

28. ¿Onces tribu de Israel, combatieron, contra una sola tribu? Sí, no; _____.

29. ¿Jacob tuvo una hija? Sí, no; _____.

30. ¿Jesús y Juan el Bautista, eran familias? Sí, no; _____.

31. ¿María la profetisa, eso quiere decir, la cantante? Sí, no; _____.

32. ¿Noé y sus familias, entraron en el arca, ya cuando estaba lloviendo? Sí, no; _____.

33. ¿Adán, Dios lo creó en el Edén? Sí, no; _____.

Entretenimiento 54

Marque las correctas palabras o números.

1. Cuantas mujeres, fueron la que tuvo Salomón.

   300   800   600   1,000   400   500

2. Cuantas mujeres, fueron la que tuvo Caín.

   5   3   1   6   2   4

3. Cuantos hijos, fueron lo que tuvo Abraham.

   10   8   12   6   2   15

4. Cuál de los hijos de Israel, fue el que tuvo gemelo.

   Gad   Neftalí   Rubén   Judá   Leví

5. Cual fue el discípulo, que Jesús sano a su suegra.

   Juan   Jacobo   Pedro   Judas   Lucas

6. De qué edad fue, que Jesús empezó su ministerio.

   29 años   150 años   45 años   30 años   75 años

7. En cuantas piezas de platas, fue que Jesús fue vendido.

   100 piezas   50 piezas   30 piezas   10 piezas   25 piezas

8. En que mes fue, que Israel salió de Egipto.

   primer mes   quinto mes   noveno mes   decimó mes   tercer mes

9. En que mes fue, que Noé y sus familias, salieron del arca.

   mes secundo   mes cuarto   mes noveno   mes séptimo   mes primero

10. Cuantos hijos, fueron lo que tuvo Caín.

    7 hijo   3 hijos   1 hijos   12 hijos   9 hijos

11. En que tierra fue, que Samuel fue sepultado.

    En Edén   en Ramot   en Belén   en Ramá   en Moab

12. Como fue que se llamó, el criado de Eliseo.

    Eliab   Acab   Asa   Giezi   Balaam

13. Quien fue el general de un ejército, que vino a Eliseo, con lepra.

    Balac   Naamán   Caleb   Bere   Azazel

Entretenimiento 55

HUIR
REBELION
ALABEN
CANAAN
SALVACION
UNIERON
ABOMINO
SANO
REDIMIDO
ENVIO
CIONES
HIERBA
FINEES
ANTES
LABIOS
ALZO
VUELTA
EUFRATES
HUYO
LADO
VARON
ODIOSOS
VESTIDO
TOI
PERMANEZCA
HAMAT

BANZA
CAMINO
ANGUSTIA
CLAMARON
DERRAMARON
AFLICCION
CAUSA
CORDIA
TINIEBLAS
CLAMOR
MAR
GRANDEZAS
DESIERTO
HABLO
HIZO
RABA
LEARON
HANUN
PUEBLO
TRAJERON
RECIBIRLOS
RAPO
LUEGO
DELANTE
DOMINIOS
PRINCIPALES

PUERTA
ALMA
OCCIDENTE
MEZCLARON
COME
HASTA
LLEGARON
PODER
NEGOCIO
ENEMIGOS
FUNDICION
TANTO
ESCOGIDO
SIEMPRE
AGUAS
JOAB
SIRIOS
MATO
BATALLA
AVISO
JERICO
INQUIRIR
LLEGO
QUERIDO
MOABITAS

Conteste las preguntas.

1. ¿Cuántos libros hay, en el nuevo testamento? _____.

2. ¿Quién fue el que escribió, los Proverbios? _____.

3. ¿Quién fue el que escribió, el Apocalipsis? _____.

4. ¿Cuántos libros por todos, hay en la Biblia? _____.

5. Desde Adán asta Noé, ¿cuantos años fuero eso? _____.

6. 6 Israel se dividió en dos reinos, ¿cuál es el nombre de cada reino? _____, _____.

Entretenimiento 55

Busquen las palabras en el cuadro, usando las palabras de la página 71. Y márquela.

```
H A B L O Q B A N Z A I P U E R T A K M E Z C L A R O N T
Q S G X P F W S R D J Y E M H U G W X F J K V Q B P C L D
A L A B E N T C A M I N O Z A L M A V C O M E S H A S T A
K I D J Z V F Y H G X P M W U C S F J T Z D V Q L D W N O
R E B E L L O N V A N G U S T I A Q P E R M A N E Z C A S
O Y H T Q U K W P D Y F S X H K G N W L Y S O U Q I M K V
C A N A A N H C L A M A R O N V O C C I D E N T E Z T O I
I W D G V F Y B J I K W H U L P D Y T R X Q V L F D A K
S A L V A C I O N V D E R R A M A R O N G E N E M I G O S
Y F B Z M Q T U J K G O W L F S X H V J K A F Z Y X B N H
U N I E R O N Y A F L I C C I O N L P R I N C I P A L E S
K C Y A W S Z H P U N V L T F W X B M Z Y E K L V J W H C
A B O M I N O K C A U S A N P O D E R Q F U N D I C I O N
H W D R G X T V Y E Q O P Z S K N F V D C W J K B M E X A
S A N O U C O R D I A W L L E G A R O N I E S C O G I D O
I S B K J W N P F H Z C J R X M B Y E H K W D X P V L Z I
R E D I M I D O R T I N I E B L A S I A G U A S K J O A B
U G Z F Q P J Y D V H G W C K G F L N C Y E H D Q W F M L
E N V I O X C L A M O R Z T A N T O Q A V I S O A R O P A
W K D Y B A Q F V P G S L C Y W P Z H X R U J K Z G B T N
C I O N E S U M A R Z N E G O C I O W L U E G O Q L A D O
Q F P G H M I B W B C J Z F G Y N A M P S Y B L X V K N B
H I E R B A P G R A N D E Z A S C S I E M P R E D M A T O
D T O V L C X K U Y F C G H W U J B K Z D L N Y G P X N E
F I N E E S W D E S I E R T O A S I R I O S F J E R I C O
Z W X A K M Q V C P M Q V I L D W B Y T P E A K G Y D W A
A N T E S F H I Z O K B A T A L L A N R E C I B I R L O S
P G Y D U Z D T W L G X W C Z S B Z O U Q P W Y N Q C H D
L A B I O S M R A B A E I N Q U I R I R K M O A B I T A S
W Q M J C A I B C J U S P D H J Y V D F Z L T K J L Z F G
A L Z O V L E A R O N Z L L E G O M V A R O N R H U I R J
X Y S N P C G N D S P Q K G P N S C X G H B W Y C S X M P
V U E L T A X H A N U N C Q U E R I D O F D O M I N I O S
S J I Q D U N W Q K H W V R G W B D M L V Z S F Z V Y D I
E U F R A T E S G P U E B L O T V E S T I D O X H A M A T
B T C W Z I L D I Y F M I K Z J I O C A G I C Y L U C H E
H U Y O H T R A J E R O N C D E L A N T E A O D I O S O S
```

72

Entretenimiento 56

TIENDA	FRORECERA	CASA
PRUDENTES	CORONARAN	SABIDURIA
JUSTO	POBRE	IDIOSO
AMIGO	PERO	MUCHOS
AMAN	PECA	MENOSPRECIA
PROJIMOS	TIENE	MISERICORDIA
BIENAVENTURADO	YERRAN	PIENSAN
VERDAD	ALCANZARAN	BIEN
LABOR	FRUTOS	VANAS
PALABRAS	MAL	RIQUEZAS
INFATUACION	VERDADERO	LIBRAS
ALMAS	HABRARA	HALLARAS
FACIL	HALLA	VARA
NECIA	SACIAR	JUNTA
REGOCIJA	CORRECCION	VERGUENZA
POBREZA	BURLADOR	RECIBE
PADRES	ESCUCHA	GUARDA
CALAMIDAD	DESEA	PRETENDEN
CONTIENDA	CASTIGO	CUYAS
GOLPES	PERMANECERA	NINGUNA

Preguntas sobre Abraham.

1. ¿Los que son de fe, éstos son hijos de? _____.

2. ¿Cuantos hermanos tuvo Abraham? _____.

3. ¿Cuál fue el nombre, del padre de Abraham? _____.

4. ¿De qué descendencia fue Abraham, de los tres hijos de Noé? _____.

5. ¿De cuántos años fue, que murió Abraham? _____

6. ¿Cuantos años tenía Abraham, cuando nació Isaac? _____.

7. ¿Cuantos años fueron lo que vivió, el padre de Abraham? _____.

8. ¿En qué tierra fue que lleco Abraham, para sacrificar a Isaac? _____.

9. ¿Cuántas mujeres fueron, la que tuvo Abraham? _____.

10. ¿En qué tierra estaba Abraham, cuando Dios le abro, por segunda vez? _____.

11. ¿Cuál fue el nombre, del primer hijo, de Abraham? _____.

Entretenimiento 56

Las palabras están divididas, entrés los cuatro cuadros, Usen las palabras de la pagina "73" para completarlas. Y márquelas.

```
T I E Q R E C V M E N W T O      F R U P A S W E C I A Q L A
G X C N O K X L Y H D P J R      V K Z Q F H Y M V P G K X P
P R U D W R E C O C A Z F A      N I N G W E R A Q U R A D O
K B Q Z M F V X G W L D Y K      Y P F M K X P H W K V F M Z
P R O J U B I E N A Q A M I      R I C O F V E R G P R E T E
H W L D G K P Z J O K R D C      W Q H Y V K H F M W Y Q X U
A R A S V L A B Q P E Y B I      E Z A S U P I E N Q P A L A
D X J P D N I Y L F Q K T O      V F X Y K H Q P U M V G Y K
C O R R Q T U A C M H A B R      I G O M N Z A Q I D I H O R
K E X W H Z G W S O Y D J U      H V K U P Q G V M X V D F J
V A N D C O R K J U N K A N      I N F A W A N E C Q E S C U
L K J U T X B I Y P Q G R O      Q W P Z F Y H M G U Q Z W Y
I A R K C A L A Q A S Y E A      S A B X V E R G W R A H N E
G Y X Q K G J W X Y Q K G J      K U G W Y Q F V H M P Y Q W
R I A W P O B K P O B X V A      B E S V C I J A F T I E V M
V J D Y K G W J Q Y G D K J      Q P Y M X U G P W Q Y Z H V
M U C Q P A D K M A L W C A      L A D W R A S V Y E R P D X
K G K W X Y E R O U Q X K Y      X V Y Z Q M K G F Z Y D A D

I B E W A L M Q J U S Z R O      N D A Q T O S W H A L Y S A
Q P Y K F W X V P H K Y Q U      Y X W J V K U B M X Q K J U
F N T E S Q U N A U M I S E      O S P R Q F R O V P E Z G O
W F M Z V Y P T Q K J Y Z V      K Z M V K B U X F J Y C M K
C I L X D A D V S A N W O R      R D I A U I M O S K V E N T
Y K P W V M G Y K H U P X J      O B X V W C K J M Q B F C W
B R A S Q C A S T W A L C A      H A L L Z N D E N G R I Q U
X U M Y F W Z J P M G Q Y H      K V F B J P M U Z K F M J C
O S O H I O N V I O N U E N      R A N U E C C Q A R A Q A S
Q V P J K M Q G W H T P X V      W Q X K B V M F Y U Q M F K
R A N W P E R M U A M Q R E      O N A M E R A U T A Q S A C
X M Y F J Q V W K H U M F T      Q F V Y J Z C W U M K G V W
I D U W U E N Z A Q R E G O      C H A W M I D A D B R E Z A
Q H V Y M G X U F P V J W V      Y K X B Q G K Y P V C M U K
T I E P B U R Q L I B M Z U      C U Y Z H O S W R E S Q N E
M J W F Z Q Y H W X M V E R      P Q M V C Y K U J B M V Y W
G U A M C I A K C O N Q H F      R D A W R A N Q N D A Q C J
Q J V X Y P Q W Z H F G O L      M V J B Y C X K G Z W P E S
```

Entretenimiento 57

Busque 15 Jehová, 15 Jesús, 15 Espíritu.

```
J E H O V A K E I C P Q B Z T J E H O V A D N F X G M X V J
E R G Q X L W S N F H T M I E K P F Y L Q B H W J F S M O E
S V I M C Z B P O D V R E S C N L G I A V N O G C Y I D H S
U K F J D V S I L C Y I U D H K W F Q G E S P I R I T U K U
S X W E H M X R F K N S V X P O J N Y X L B M D U A O H C S
A B K S P L O I W P Z E Q L G I V E C I T F O J E G Z S Q I
E G Y U N Q E T M H O J R F U A Y L S P Q W R C Y N G P U N
S Y F S Z B G U Y F M D X S P N G M R U B J H K A V O H E J
P M A O K V N I J E H O V A W C K H F T S N X T V D Y Z L I
I C L J W Y J C Y W G Z N I L B V N Q P C F Y L O M A W T I
R Z G E I T E M O D F P Q F U J E S U S O G K I H F R G X E
I N K H A N S Q A I L H C K Z W A D Z M L A D F E K V I C S
T O D O X D U Y G N X E S P I R I T U X H Q V N J Y P M W U
U W Y V M H S Z K P V F M T F V N C O B Y W I E C X G E Q S
W N F A Q O W U F T W D A Z X Q D W F P E L H M U R O S A X
B I C G F P H L I J E H O V A J S H K M T O C N Q I Y P D N
J E H O V A Z N V D C G R B H V F G X I V R W P J F G I Z T
K T Z D S W E G B H Q J I U E K Q U O A H Y V Z E D V R Q N
D A N K I A P K O R E K L W S C H L W S D K Q C H J M I E X
J X E F R N Q Z L S H V H J P T M J Y N I C S U O Y F T C G
E G H S L C D I U O K P X F I A Z E K V D E W I V C G U N B
H C B Z P T Q S W C L G D W R N Y S H W A S N D A P K R H J
O I W A O I G F N A T I R A I V G U O X U P C U H D Z O A E
V N V E J M R T P C V S Q C T W B S A N E I X G V Y E Q W H
A L Q S U H V I K U X O Y M U Q H C V F B R S N J W S L F V
R V T P W X F D T L N V H I P Z U M B L Q I E F E N P G K A
X D G I K A O Y H U G Z A E I C W D N P I T A C S D I V C N
J H B R Z V N G X Q K Y P U J E H O V A D U Y Z U T R X Y U
E Y N I C Y J L W E N I D X N S D G I M Z L H N S M I B H J
S O P T L J E H O V A C J U G A F W C K V B C P W Z T Q L O
U M D U A K S R I G Y L H N F X K N J Z O J K Q Y V U N D A
S Q V H G Z U F J U O T Z J W O C P E V A M W V D O K P G S
G I L F N R S L D E S P I R I T U L S N X E S P I R I T U E
K W K O W A M V N X B M N V L P H A U R L B U N F A Y F X O
C X T E S P I R I T U A Y G Q J D O S I Q Y Z S G V D J Q Y
Q F N V L O C K F G J L B O V K Z G N C P K D I M F T L C W
U T I R I P S E Z O A E S P I R I T U D X N R W C J E S U S
```

La repuesta del entretenimiento 1

1. Los hijos de José; (Manasés), (Efraín) Gen 41:51-52.

2. El hijo de Enoc; (Matusalén) Gn 5:21.

3. Los hijos de Saúl; (Jonatán), (Abinadad), (Malquisúa), (Is-boset) 1S 31:2, 2S 2:8.

4. El hijo de Booz; (Obed) Rt 4:13, 17.

5. El hijo de Harán; (Lot) Gn 11:27.

6. Los hijos de Rubén; (Hanoc), (Falú), (Hazrón), (Carmi) 1Cr 5:3.

7. Los hijos de Adán; (Caín), (Abel), (Set) Gn 4:2, 5:3.

8. El hijo de Jefone; (Caleb) Jos 14:6.

9. Los hijos de Lot; (Moab), (Benammi) Gn 19:37-38.

10. El hijo de Caín; (Enoc) Gn 4:17.

11. Los hijos de Noé; (Sem), (Sem), (Jafet) Gn 5:32.

12. El hijo de Set; (Enós) Gn 5:6.

13. Los hijos de Aarón; (Nadab), (Abiú), (Eleazar), (Itamar) 1Cr 6:3.

14. El hijo de Elcana; (Samuel) 1S 1:19-20.

15. Los hijos de Taré; (Abram), (Nacor), (Harán) Gn 11:27.

16. Los hijos de Isaac; (Esaú), (Jacob) Gn 25:25-26.

17. Los hijos de Alfeo; (Jacobo), (Judas) Lc 6:15-16.

18. Los hijos de Isaí; (Eliab), (Abinadab), (Sama), (David) 1S 17:13-14.

19. El hijo de Abías; (Asa) 2C 14:1.

20. El hijo de Cainán; (Mahalaleel) Gn 5:12.

21. Los hijo de Isacar; (Tola), (Fúa), (Job), (Simrón) Gn 46:13.

22. Los hijos de Moisés; (Gersón), (Eliezer) 1C 23:15.

23. El hijo de Sem; (Arfaxad) Gn 11:10.

24. El hijo de Josadac; (Josué) Za 6:11.

La repuesta del entretenimiento 2

1. Gn 1:1 En el (principio) creó Dios (los) cielos y la (tierra).

2. Gn 43:6 Dijo entonces (Israel): ¿Por qué me (hicisteis) tanto mal (declarando) al var- ón the teníais otro (hermano)?

3. Jos 24:28 Y envió (Josué) al (pueblo), cada uno a su (posesión).

4. Ez 7:25 (Destrucción) viene; y buscarán la (paz), y no la (habrá).

5. Mt 23:6 Y aman (los) primeros (asientos) en las (cenas), y las (primeras) sillas en las (sinagogas).

6. Is 33:22 Porque (Jehová) es (nuestro) (jues), Jehová es (nuestro) legislador, Jehová es nuestro (Rey); él mismo nos (salvara).

7. Pr 22:2 El (rico) y el (pobre) se encuentran; A (ambos) los (hizo) Jehová.

8. Hch 14:7 Y allí (predicaban) el (evangelio).

9. Ez 47:21Repartiréis, pues, (esta) tierra entre (vosotros) según la (tribus) de Israel.

10. 3Jn 1:14Porque (espero) verte en breve, y hablaremos (cara) a cara.

11. Éx 40:3 Y (pondrás) en él el arca del (testimonio), y la (cubrirás) con el velo.

12. Jn 21:13 (Vino), pues, (Jesús), y tomó el (pan) y les dio, y (asimismo) del (pescado).

13. Gn 5:21 Vivió Enoc (sesenta) y cinco años, y (engendró) a (Matusalén).

14. Sal 98:7 Brame el (mar) y su (plenitud), el (mundo) y los que en él (habitan).

15. Stg 3:10 De una misma (boca) (proceden) bendición y (maldición). Hermanos míos, (esto) no debe (sel) así.

16. 2Ti 1:14 (Guarda) el (buen) (depósito) por el (Espíritu) (Santo) que mora en nosotr- os.

17. Ecl 12:8 Vanidad de (vanidades), dijo el (predicador), todo es vanidad.

18. Sal 96:1 (Cantada) Jehová (cántico) (nuevo); Cantad a (Jehová), toda la (tierra).

19. Jue 1:4 Y (subió) Judá, y Jehová entregó en sus manos al (cananeo) y al (ferezeo); e ferezeo hirieron de ellos en Bezec a (diezmil) (hombres).

La repuesta del entretenimiento 3

JOSE
GRANDE
DIOS
MANOS
ESPIRITU
FATIGARA
MOSTRO
PROFETA
LIBRARTE
MATEO
TENIA
PEDRO
RAIZ
BUENA
HOMBRE
JACOB
JUDA
VIENTO
MILLONE
PONDRA
HEREDAD
CIUDAD
MOISES
ARMADA
SALOMON
IRSE
EDICTO
OIDO
SOMBRA
SAMUEL
OIDME
BOCA

La repuesta del entretenimiento 4

1 Gá 3:23-29, Gá 3:28; (Uno).
2 Gn 1:14-18, Gn 1:16; (Dos).
3 Ap 21:10-11, Ap 21:13; (Tres).
4 Jer 15:1-6, Jer 15:3; (Cuatro).
5 Mt 16:5-9, Mt 16:9; (cinco).
6 Dt 5:10-15, Dt 5:13; (Seis).
7 Gn 8:8-15, Gn 8:12; (Siete).
8 Lc 2:21-30, Lc 2:21; (Ocho).
9 Jos 13:5-9, Jos 13:7; (Nueve).
10 Dn 1:9-13, Dn 1:12; (Diez).
11 Hch 2:14-21, Hch 2:14; (Once).
12 Lc 2:41-45, Lc 2:42; (Doce).
13 Est 9:1-4, Est 9:1; (Trece).
14 Gá 2:1-5, Gá 2:1; (Catorce).
15 Os 3:1-5,Os 3:2; (Quince).
16 2R 14:18-22, 2R 14:21; (Dieciséis).
17 Gn 37:1-5, Gn 37:2; (Diecisiete).
18 Jue 3:12-15, Jue 3:14; (Dieciocho).
19 2S 2:24-30, 2S 2:30; (Diecinueve).
20 Neh 1:1-1, Neh 1:1; (Veinte).
21 Éx 12:17-18, Éx12:18; (Veintiuno).
22 1R 14:15-20, 1R 14:20; (Veintidós).
23 Jue 10:1-2, Jue 10:2; (Veintitrés).
24 Hag 2:20-23, Hag 2:20; (Veinticuatro).
25 Nm 8:21-24, Nm 8:24; (Veinticinco).
26 1R 16:8-9,1 R 16:8; (Veintiséis).
27 Ez 29:17-21, Ez 29:17; (Veintisiete).
28 2R 10:30-36, 2R 10: 36; (Veintiocho).
29 Jos 15:20-35, Jos 15:32; (Veintinueve).
30 Lc 3:23-38, Lc 3:23; (Treinta).
31 1R 16:21-28, 1R 16:23; (Treinta y uno).
32 Neh 13:1-12, Neh 13:6; (Treinta y dos).
33 Gn 46:7-15, Gn 46:15; (Treinta y tres).

La repuesta del entretenimiento 5

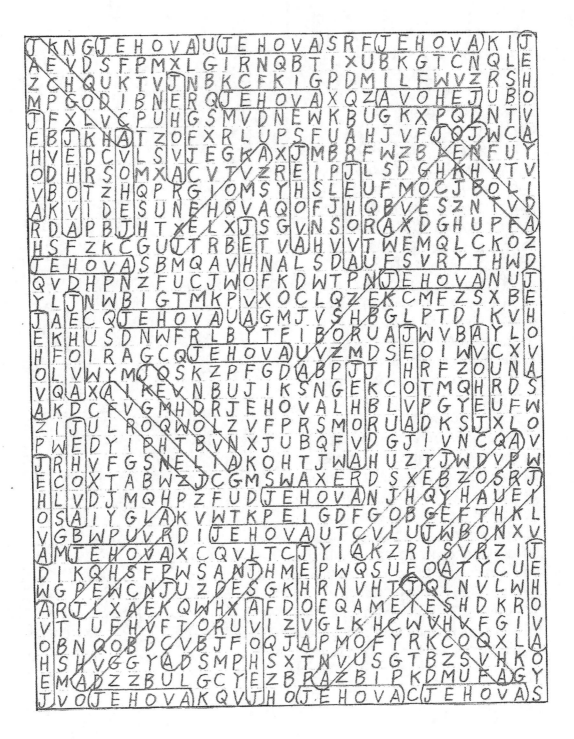

La repuesta del entretenimiento 6

1 Jehová	Roca	35 Santuario	Biblia
2 Aarón	Israel	36 Sacerdocio	Mostró
3 Sobre	Madres	37 Figura	Esposa
4 Extendió	Dejaré	38 Ordenanzas	Tuviere
5 Grande	Jehová	39 Primer	Trono
6 Faraón	Dios	40 Pacto	Santuario
7 Espíritu	Rubén	41 Abrogado	Siervos
8 Santo	Aarón	42 Adora	Semejante
9 Hijos	Jesús	43 Sellos	Primer
10 Israel	Tierra	44 Esposa	Juzgas
11 Familias	Nombre	45 Omega	Incienso
12 Jesús	Sobre	46 Alfa	Sacerdocio
13 Guerra	Refugio	47 Biblia	Becerro
14 Dejará	Extendio	48 Noche	Sellos
15 Mano	Guerra	49 Siervos	Cristal
16 Dios	Grande	50 Estadios	Figura
17 Refugio	Cuando	51 Cristal	Sentados
18 Ciudades	Hierba	52 Jerusalén	Pacto
19 Hablando	Faraón	53 Mostró	Alfa
20 Cuando	Dividirás	54 Siete	Libro
21 Dividirás	Espíritu	55 Muertos	Adora
22 Nombre	Cielos	56 Entregó	Siete
23 Muchos	Hablando	57 Lágrima	David
24 Entrañas	Santo	58 Fuente	Abrogado
25 Madres	Hasta	59 Tuviere	Muerte
26 Angustias	Corazón	60 Juzgas	Omega
27 Roca	Oraciones	61 Corderos	Colderos
28 Cielos	Hijos	62 David	Ordenanzas
29 Oraciones	Muchos	63 Libro	Noche
30 Corazón	Ciudades	64 Trono	Fuente
31 Rubén	Angustias	65 Semejante	Lágrima
32 Hasta	Familias	66 Sentados	Estadios
33 Hierba	Mano	67 Becerro	Entregó
34 Tierra	Entrañas	68 Incienso	Jerusalén

La repuesta del entretenimiento 7

1 Os10:1-15 Salmán (10:14), Ajenjo (10:4).

2 Ap12:1-13 Vencido (12:11), Tercera (12:4).

3 Abd 1:9-21 Juzgar (1:21), Jactado (1:12).

4 Jud 1:11-25 Ondas(1:13), Poderoso (1:24).

5 Gn 33:7-20 fatigan (33:13), Sucot (33:17).

6 Sal 32:1-11 Justos (32:11), Confesaré (32:5).

7 Dn 12:1-13 Sacrificio (12:22), Cierra (12:4).

8 Jn 17:11-26 Guardaba (17:12), Escogió (17:24).

9 2Cr 14:1-10 Extraño (14:3), Lanzas (14:8).

10 Ro 10:12-21 Moisés (10:19), Escrito (10:15)

11 2R 16:15-20 Pecados (16:19), Reinar (16:15).

12 Sof 2:10-15 Nínive (2:13), Seréis (2:12).

13 2Jn 1:1-13 Hermana(1:13), Regocijé (1:4).

14 Gn 13:1-13 Plata, (13:2), Fundación (13:11).

15 1Cr 19:3-13 Amonitas (19:11), Jericó (19:5).

16 Mt 19:23-30 Camello (19:24), Postrero (19:30).

17 Lv 25:41-51 Jubileo (25:50), Esclava, (25:44).

18 Ef3:4-17 Promesa (3:6), Rodillas (3:14).

19 Lm 4:1-14 Fuego (4:11), Avestruces (4:3).

20 Sal 99:1-9 Fuiste (99:8), Gloria (99:4).

21 Lc 5:1-8 Agolpaba (5:1), Rompía (5:6).

22 Gá 5:3-15 Amarás (5:14), Espíritu (5:5).

23 Jer 1:14-19 Príncipes (1:18), Dioses (1:16).

24 Ez 38:1-19 Garfios (38:38), Siervos (38:17).

25 1Ti 1:1-7 Fabulas (1:4), Doctores (1:7).

26 Esd 6:1-9 Sacerdotes (6:9), Ofrecer (6:3).

27 Col 4:1-6 Tiempo (4:5), Oración (4:2).

28 Job 39:7-27 Búfalo (39:9), Remonta (39:27).

29 Mr 2:13-17 Alfeo (2:14), Sequido (2:15).

30 Jue 7:1-6 Lamiere (7:5), Mañana (7:1).

31 Sal 150:1-6 Júbilo (150:5), Bocina (150:3).

32 Ec 5:1-7 Acércate (5:1), Vanidades (5:7).

La repuesta del entretenimiento 7

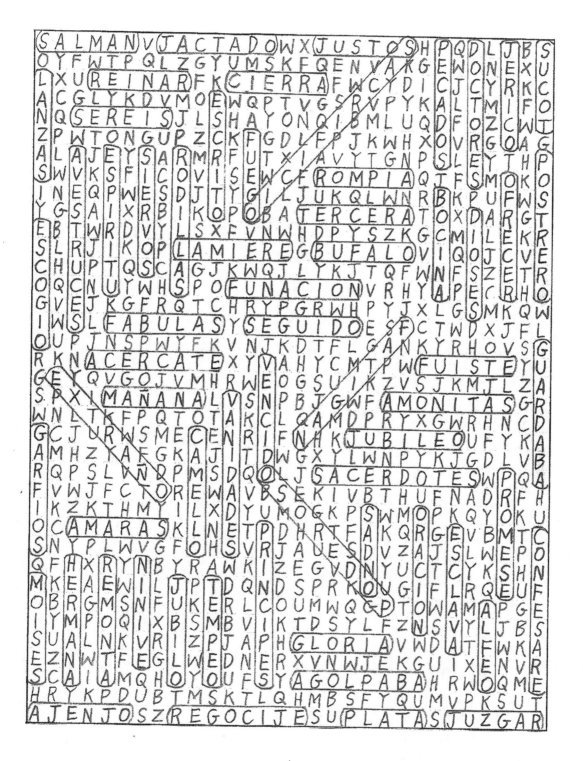

La repuesta del entretenimiento 8

HEHOVA (IGLESIA)	JESUS (DIESTRA)	ESPIRITU (AMADOS)
ANGELES (DIOS)	DIOS (REINO)	EMANUEL (SALVACION)
SILOH (JESÚS)	REINO (JEHOVA)	SALVACION (ANGELES)
AMADOS (ESPIRITU)	DIESTRA (EMANUEL)	HADES (INFIERNO)
INFIERNO (FUEGO)	FUEGO (HADES)	IGLESIA (SILOH)

1. (A Sara), Gn 17:15.
2. (Trampas), Jer 5:26.
3. (Oseas), Nm 13:16.
4. (Rio), Éx 8:5.
5. (Rubén), Gn 49:3.
6. (Egipto), Gn 47:28, 49:33, 50:3.
7. (Sí) Mr 6:3
8. (Juan), Ap 1:17.
9. (70Más), Lc 10:1.
10. (2 Ciudad-es más), Dt 29:23.
11. (Jerusalén), Is 2:3, 4:3.
12. (Jacobo), Mr 15:40.
13. (5 Hijos), Mt 13:55.
14. (Asanat), Gn 41:45.
15. (17), Gn 37:2, 28.
16. (Ángeles), Ap 1:20.
17. (1 Año y 17 días), Gn 7:10-11, 8:14-16.
18. (22 Capítulos Ap 22:1.
19. (Cetura), Gn 24:1.
20. (Jafet), Gn 10:21.
21. (A Pedro), Jn 1:42.

La repuesta del entretenimiento 8

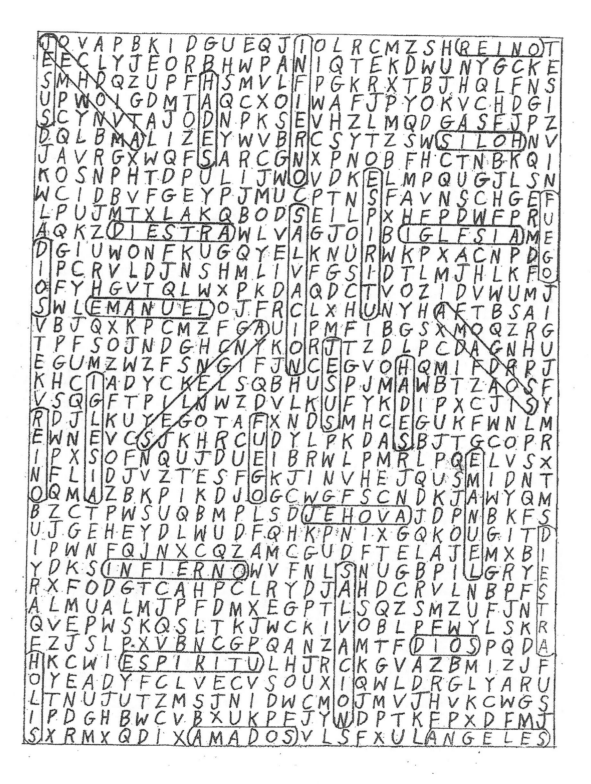

La repuesta del entretenimiento 9

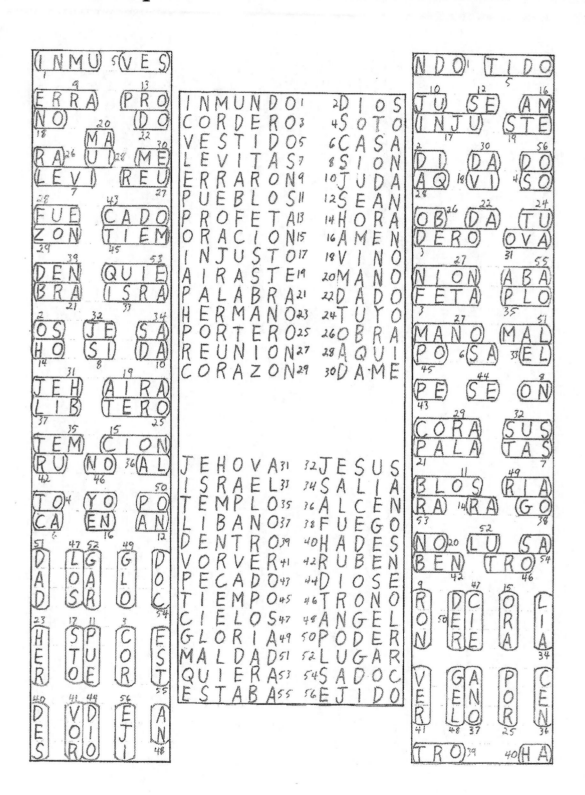

INMUNDO 1   2 DIOS
CORDERO 3   4 5 OTO
VESTIDO 5   6 CASANA
LEVITAS 7   8 SIONANA
ERRARON 9   10 JUDANA
PUEBLOS 11   12 SEORANA
PROFETA 13   14 HORANENO
ORACION 15   16 AMENNOO
INJUSTO 17   18 VINANOO
AIRASTE 19   20 MANADOO
PALABRA 21   22 DANADOO
HERMANO 23   24 TUYOO
PORTERO 25   26 OBRAI
REUNION 27   28 AQUI
CORAZON 29   30 DAME

JEHOVA 31   32 JESUS
ISRAEL 33   34 SALIENANA
TEMPLO 35   36 ALCENNSO
LIBANO 37   38 FUEGENSO
DENTRO 39   40 HADESGENEO
VORVER 41   42 RUBENENEO
PECADO 43   44 DIOSNEO
TIEMPO 45   46 TRONOELRR
CIELOS 47   48 ANGELERRR
GLORIA 49   50 PODERERR
MALDAD 51   52 LUGARRC
QUIERA 53   54 SADOC
ESTABA 55   56 EJIDO

La repuesta del entretenimiento 10

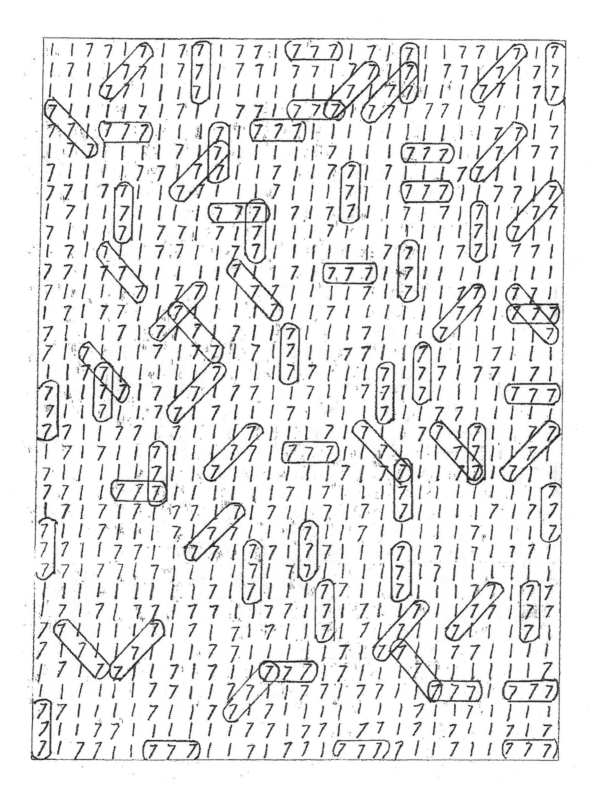

La repuesta del entretenimiento 11

AMEN
BABILONIA
PLAZAS
CONFORME
DIOS
LOT
ABATIDOS
QUIERAN
SEM
CRUCIFICADO
ACONTECIO
DESATAR
IGNOREIS
DEJARON
UNGIDO
BOCA
BUENO

ALGUNOS
TESTIMONIO
TIERRA
VAMOS
POSTRARON
RAAMA
JESUS
AZUFRE
SOTO
SUSTENTADA
ORIENTE
ENTREGADOS
VICTORIA
ZOAR
OPONGAN
PIES
SABIDURIA

DIFERENTES
APOCALIPSIS
ARROJADO
SERPIENTE
SELLOS
DEVOLVIERES
ESTEN
SANTO
REYES
AMOR
ANDARAS
SOBERANO
CASA
ANTIGUOS
VENDRAN
SANGRE
GOG

AMEN, ANTIGUOS, ALGUNOS, RAAMA, SOBERANO.
PLAZAS,DIFERENTES, ARROJADO, SANTO, REYES.
SANGRE, UNGIDO, CASA, BABILONIA,AZUFRE.
ENTREGADOS, ACONTECIO, SELLOS,ORIENTE.
TESTIMONIO, CONFORME, DEVOLVIERE, PIES.
QUIERAN, DIOS, APOCALIPSIS, TIERRA, GOG.
SUSTENTADA, SABIDURIA, DEJARON, IGNOREIS.
POSTRARON, SOTO, OPONGAN, ABATIDOS, JESUS.
ANDARAS, VICTORIA, SERPIENTE, BOCA, VAMOS.
AMOR, VENDRAN, DESATAR, ESTEN, CRUCIFICADO.
BUENO, ZOAR, SEM, LOT.

La repuesta del entretenimiento 11

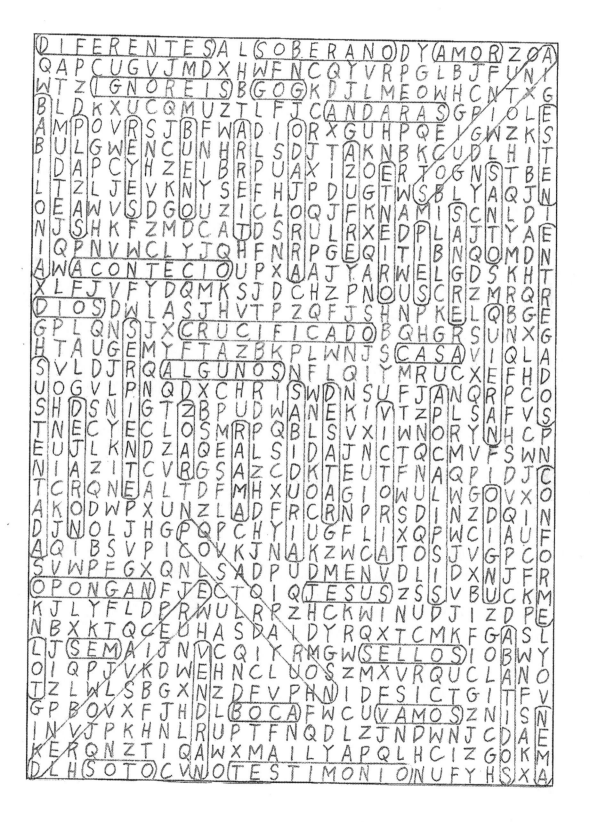

La repuesta del entretenimiento 12

1. Gn 1:1 En el <u>principio</u> creó <u>Dios</u> los <u>cielos</u> y la <u>tierra</u>.

2. Gn 1:3 Y dijo Dios: sea la <u>luz</u>; y <u>fue</u> la luz.

3. Sal 150:3 <u>Alabadle</u> a son de <u>bocina</u>; Alabadle con salterio y <u>arpa</u>.

4. 1Ti 1:8Pero <u>sabemos</u> que la <u>ley</u> es <u>buena</u>, si uno la usa <u>legítimamente</u>.

5. Ez 4:1 Tú, hijo de <u>hombre</u>, tomateun <u>adobe</u>, y <u>ponlo</u> delante de ti, y diseña <u>sobre</u> él la ciudad de <u>Jerusalén</u>.

6. Ap 22:21 La gracia de nuestro Señor <u>Jesucristo</u> sea con todos <u>vosotros</u>. Amén.

7. Éx 31:12 Habló además <u>Jehová</u> a <u>Moisés</u>, diciendo.

8. Jos 4:2 Tomaddel <u>pueblo</u> <u>doce</u> hombres, uno de cada tribu.

9. 2Cr 6:1 <u>entonces</u> dijo <u>salomón</u>: Jehová ha dicho que él <u>habitaría</u> en la <u>oscuridad</u>.

10. Sal 98:6 <u>Aclamad</u> con <u>trompetas</u> y <u>sonido</u> de bocina, delante del rey Jehová.

11. Mt 19:2 Y le siguieron <u>grandes</u> <u>multitudes</u>, y los sano allí.

12. Ro 11:36 Porque de él, y por él, y para él, <u>son</u> todas las <u>casas</u>. A él sea La <u>gloria</u> por los <u>siglos</u>. Amén.

13. Ap 21:1 vi un cielo <u>nuevo</u> y una tierra nueva; porque el <u>primer</u> cielo y la primera tier- ra <u>pasaron</u>, y el mar ya no <u>existía</u> más.

14. 1Co 1:1 Pablo, <u>llamado</u> a ser <u>aposto</u> de Jesucristo por la <u>voluntad</u> de Dios, y el herm- ano <u>sóstenes</u>.

15. Sal 92:8 Mas tú, Jehová, para <u>siempre</u> eres <u>Altisimos</u>.

16. Is 40:29 El da esfuerzo al <u>cansado</u>, y <u>multiplica</u> las fuerzas al que no <u>tiene</u> <u>ningunas</u>.

17. Jn 6:34 Le dijeron: Señor, <u>darnos</u> <u>simpre</u> este pan.

La repuesta del entretenimiento 12

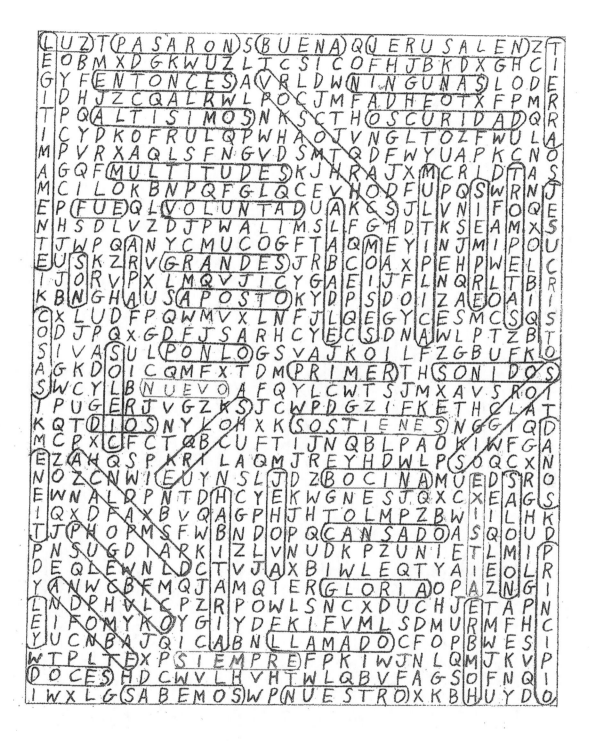

La repuesta del entretenimiento 13

La repuesta del entretenimiento 14

1. Ap 2:1 Escribe al ángel de la iglesia en <u>Efeso</u>: El que tiene las <u>siete</u> estrellas en su dies- tra, el que anda en medio de los siete <u>candeleros</u> de oro, dice esto.

2. Ap 2:4 Pero <u>tengo</u> contra ti, que has dejado tu primer <u>amor</u>.

3. Ap 2:8 Y <u>escribe</u> al ángel de la iglesia en <u>Esmirna</u>: El primero y el postrero, el que <u>est- uvo</u> muerto y <u>vivió</u>, dice esto.

4. Ap 2:11 El que <u>tiene</u> oído, oiga lo que el Espíritu dice a las <u>iglesias</u>. El que venciere, no <u>sufrirá</u> daño de la segunda <u>muerte</u>.

5. Ap 2:12 Y escribe al <u>ángel</u> de la iglesia en <u>pérgamo</u>: El que tiene la <u>espada</u> <u>aguda</u> de d- os filos dice esto.

6. Ap 2:16 Por, tanto, Arrepiéntete; pues si no, <u>vendré</u> a ti pronto, y pelearé contra ellos con la <u>espada</u> de mi boca.

7. AP 2:18 Y escribe al ángel de la iglesia en <u>Tiatira</u>: El Hijo de Dios, el que tiene ojos co- mo llama de <u>fuego</u>, y pies semejantes al <u>bronce</u> bruñido, dice esto.

8. Ap 2:21 Y le he dado <u>tiempo</u> para que se arrepienta, <u>pero</u>no quiere <u>arrepentirse</u> de su fornicación.

9. Ap 3:1 Escribe al ángel de la iglesia en <u>sardis</u>: El que tiene los <u>siete</u> espíritu de Dios, y las siete estrellas, dice esto: Yo <u>conozco</u> tus obras, que tiene nombre de que <u>vives</u>, y est- ás muerto.

10. Ap 3:3 Acuérdate, pues, de lo que has recibido y oído; y <u>guárdalo</u>, y arrepiéntete. Pu- es si no velas, vendré sobre ti como <u>ladrón</u>, y no sabrás a qué hora vendré sobre ti.

11. Ap 3:7 Escribe al ángel de la iglesia en <u>filadefia</u>; Esto dice el Santo, el <u>verdadero</u>, el que <u>tiene</u> la llave de <u>David</u>, el que <u>sobre</u> y ninguno cierra, y cierra y ninguno abre.

12. Ap 3:9 He aquí, yo entrego de la <u>sinagoga</u> de Satanás a los que se <u>dicen</u> ser <u>Judios</u> y no lo son, sino que <u>mienten</u>; he aquí, yo haré que vengan y se <u>postren</u> a tus pies, y reco- nozcan que yo te he <u>amado</u>.

13. Ap 3:14 Y <u>escribe</u> al ángel de la iglesia en <u>Laodicea</u>: He aquí el Amén, el testigo fiel y <u>verdadero</u>, el principio de la <u>creación</u> de Dios, dice esto.

La repuesta del entretenimiento 15

SOTO

AMARAS

SUSTENTAS

LLAMAMIENTO

EVANGELIO

DRAGON

SALVADOR

CONSOLADOR

ANCHURA

REALIZO

JUICIO

IMPIOS

GAT

FILISTEOS

YUGO

JOSUE

BALAAM

BALAC

ESCULTURA

DUREZA

DIENTE

EXPANSION

SEPULTARON

SILOH

CONTINUAMENTE

ESPIRITU

RESTANTE

IRREVOCABLES

PERMANECIEREN

TODOPODEROSO

DOMINIO

INFIERNO

DEFRAUDASTE

ENTENDIMIENTO

RELAMPAGOS

AMON

ABISAI

CARRO

DEBORA

ARABA

ARROYOS

PECADOS

CANAAN

ABISMO

ACORNEADO

SALTAR

POSTRARON

ENEMISTAD

MALO

DESOBEDIENCIA

PROFUNDIDAD

LIBERTADOR

RECOMPENSADO

MENTIROSOS

RESURRECCION

HIPOCRITAS

BENDICION

APOLILLE

ELIU

EDOM

SUNAMITA

RAQUEL

BARAC

JORDAN

MOAB

JUBILEO

HEREDITARIA

MANDRAGORAS

POZO

ABEL

MAYOR

MALDIJEREN

La repuesta del entretenimiento 15

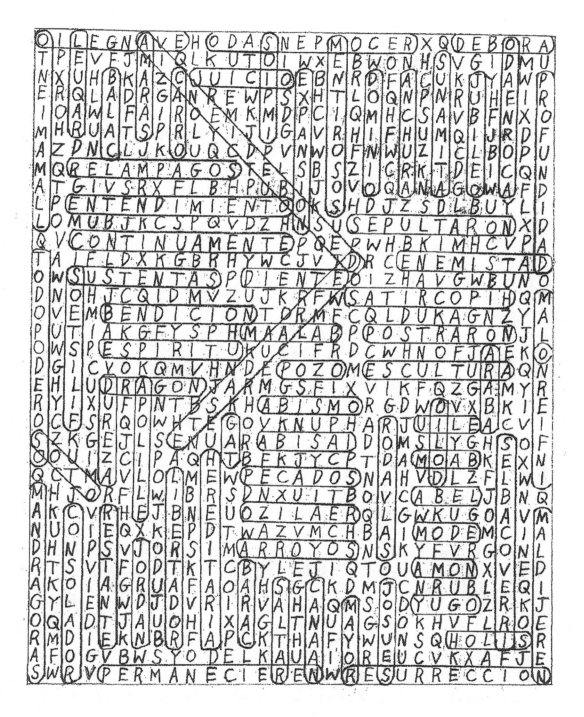

La repuesta del entretenimiento 16

PERDONARA	VOLVIESE	PERSEVERAREIS
VELABA	CONSTANTEMENTE	SOBRESALTARON
PREPARAR	LEVANTABAN	PONIAN
PRINCIPALES	DABAN	AMONTONE
DETENIAN	DERRAMABA	CIRTAMENTE
CAMINABA	RESPLANDECER	ANTEROR
TEMOR	TRASTORNO	MONTES
MANOS	OJOS	NACIMIENTO
SALIR	HALLARA	LODO
VIENTOS	DICE	PRECIO
PESO	PLATA	APRECIADA
ALHAJAS	CAMBIARA	MENCION
MEJOR	PRECIOSAS	TOPACIO
ETIOPIA	PODRA	APRECIAR
DONDE	VENDRA	VIVIENTE
AMONTONE	ABADON	PREPARO
ESPADA	SACIARAN	LLORARAN
SOL		

1. ¿A quién fue, al que le obligaron, a que cargase la cruz de Jesús? (Simón), Mt 23:32.

2. Jesucristo en la cruz: ¿A qué hora fue, que el respiro y murió? (novena hora), Lc 23: 45-46.

3. Jesucristo en la cruz, ¿cuál fue la primera palabra, que él dijo? (padre perdónalos po- rque no saben lo que hacen), Lc 23:33-34.

4. Dos discípulos corrieron, al sepulcro de Jesús, ¿qué discípulo fue, el que lleco ultimo al sepulcro de Jesús? (Pedro), Jn 20:3-4.

5. ¿Quién fue el que pidió el cuerpo de Jesús, cuando él murió en la cruz? (José), Mr 15:- 43.

6. ¿Qué era lo que estaba escrito, en la cruz de Jesús? (el Rey de los Judios), Mt 27:37.

7. ¿Cuál fue la última palabra, que Jesús dijo, antes de él morir? (Padre en tu mano en- comiendo mi espíritu), Lc 23:46.

8. ¿A qué hora fue, que crucificaron a Jesucristo, en la cruz? (a la tercera hora), Mr 15:- 25.

9. ¿A Jesús: le llegaron de quebrar las piernas? Sí, no; (no), Jn 19:33.

10. ¿A qué mes fue, que el ángel sele revelo a María, en su casa? (el mes sexto), Lc 1:26.

11. ¿Cuál fue el nombre, del ángel que se le revelo a María? (el ángel Gabriel), Lc 1:26.

12. ¿Qué discípulo fue, el que calcaba la bolsa, del dinero de Jesucristo? (Judas), 13:29.

La repuesta del entretenimiento 16

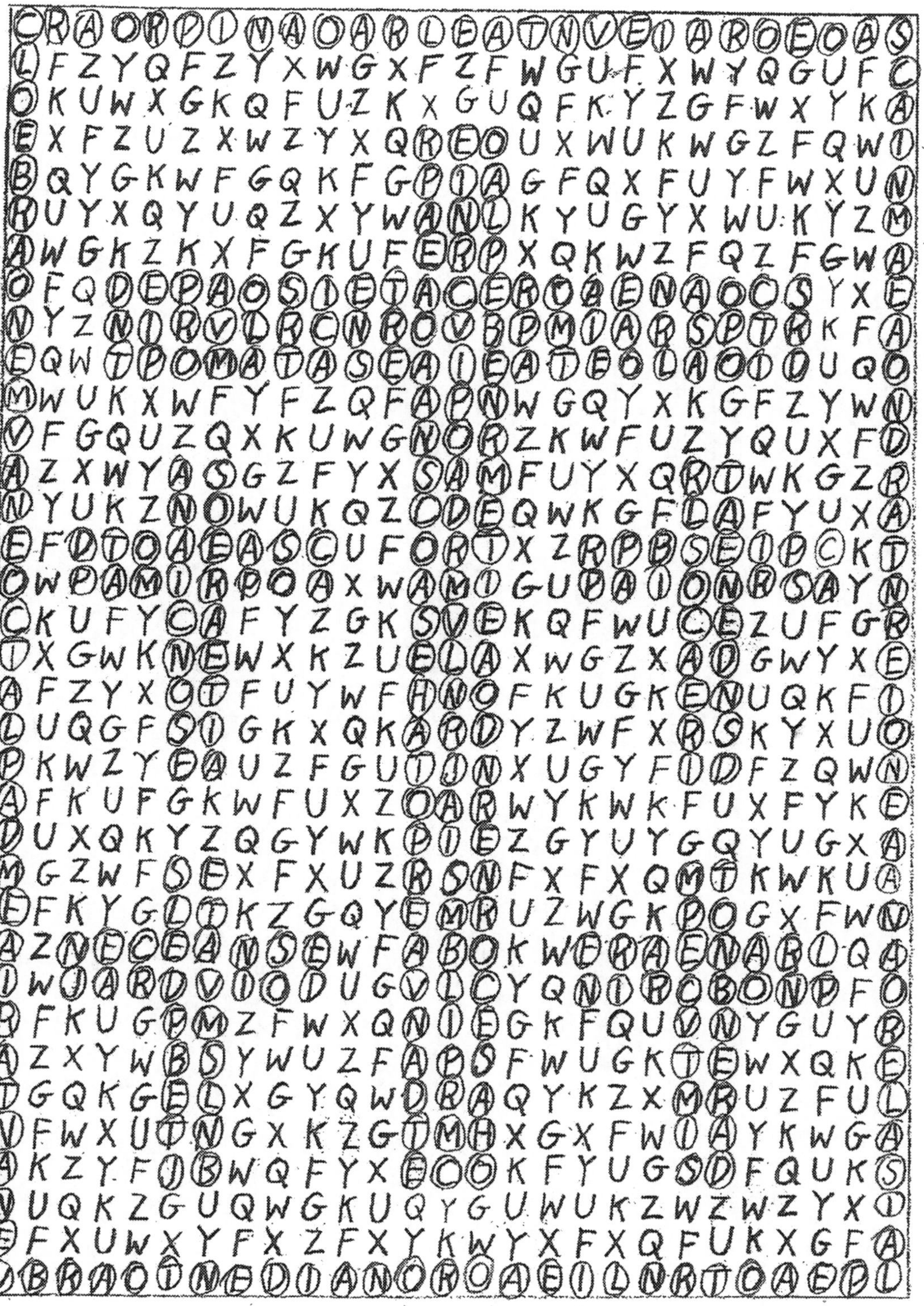

La repuesta del entretenimiento 17

Dios   Es   Amor

La repuesta del entretenimiento 18

1. Gn 16:7 Y la halló el ángel de Jehová, junto a una fuente de agua en el desierto, junto a la fuente que está en el camino de Shur. ¿Quién fue esa mujer? <u>Agar</u>, Gn 16:8.

2. Ap 2:12 Y escribe al ángel de la iglesia en Pérgamo: El que tiene la espada de dos filos dice esto. ¿Quién fue el que escribió eso? <u>Juan</u>, Ap 1:9.

3. Lc 1:13 Pero el ángel le dijo: <u>Zacarías</u> no temas; porque tu oración ha sido oída, y tu mujer Elisabet te dará a luz un hijo, y llamará su nombre Juan.

4. Gn 18:3 Y dijo: Señor, si ahora he hallado gracia en tus ojos, te fuego que no pases de tu siervo. ¿Quién fue esa persona? _____ Gn 18:6.

5. Éx 3:2 Y se le apareció el ángel de Jehová en una llama de fuego en medio de una zar- za; y él miró, y vio que la zarza ardía en fuego, y la zarza no se consumía. ¿Quién fue esa persona? <u>Moisés</u> Éx 3:3.

6. 2R 1:3 Entonces el ángel de Jehová habló a <u>Elías</u> tisbita, diciendo: Levántate, y sube a encontrarte con los mensajeros del rey de Samaria, y diles: ¿No hay Dios en Israel, que vais a consultar a Baalzebub dios de Ecrón?

7. Lc 1:34 Entonces <u>María</u> dijo al ángel: ¿Cómo será esto? pues no conozco varón.

8. Jue 6:22 Viendo entonces <u>Gedeón</u> que era el ángel de Jehová, dijo: Ah, señor Jehová, que he visto al ángel de Jehová cara a cara.

9. Gn 32:25 Y cuando el varón vio que no podía con él, tocó en el sitio del encaje de su muslo, y se descoyuntó el muslo de <u>Jacob</u> mientras con él luchaba.

10. Dn 6:22 Mi Dios envió su ángel, el cual cerró la boca de los leones, para que no me hiciesen daño, porque ante él fui hallado inocente; y aun delante de ti. ¿Quién fue esa persona? <u>Daniel</u> Dn 6:21

11. Zac 1:19 Y dijo al ángel que hablaba conmigo: ¿Qué son éstos? y me respondió: Estos son los cuernos que dispersaron a Judá, a Israel y a Jerusalén. ¿Quién fue esa persona? <u>Zacarías</u> Zac 1:7

12. Hch 5:19 Mas un ángel del señor, abriendo de noche las puertas de la cárcel, y sacán- dolos dijo. ¿Quiénes fueron esas personas? <u>los apóstoles</u> Hch 5:18.

13. Jn 20:12 Y vio a dos ángeles con vestiduras blancas, que estaban sentados el uno a la cabecera, y el otro a los pies, donde el cuerpo de <u>Jesús</u> había sido puesto.

14. He 1:4 Hecho tanto superior a los ángeles, cuando heredó más excelente nombre que ellos. ¿De quién es que esta ablando? <u>De Jesús</u> He 1:5.

La repuesta del entretenimiento 19

JEHOVA
SOBERBIOS
EXALTARE
TESTIMONIOS
CORAZON
DESVIARME
DESTRUIRE
RODEARON
ENGRANDECIDO
ESPACIOSO
PROSPERAR
DETERMINADO
PROCLAMADA
BELLEZA
GOBERNADORES
CUERDAS
JACINTO
CASA
BIGTA
CORONA
PODEROSOS
ESPIRITU
MUSICOS
OMNIPONTENTE
PERROS
PRESENCIA
HUYAN
TABENACULOS
SILVESTRES
IRA
ALMA

JESUS
MANDAMIENTOS
EXCELENCIAS
CAMINOS
ESTATUTOS
LABIOS
SIDONIOS
ALABANZA
FIDELIDAD
TEMERE
PUEDA
MARDOQUEO
PUBLICASE
PRINCIPES
EVA
MARMOL
ASIMISMO
SEPTIMO
JESUCRISTO
REGIA
INSENSATEZ
HUNDIDO
PLUMAS
NEVADO
LENGUA
EXALTAD
LANZARAS
ALTURA
FRENTE
SION
PENSAMIENTOS

RUBEN
OLVIDARE
DIOS
APARTA
ENTERAMENTE
VALENTIAS
ABEJAS
CIERTAMENTE
ALELUYA
AYUDAN
REPRENDISTE
DONCELLAS
AFIRMASE
PERSIA
CUMPLIDOS
ALABASTRO
VASTI
AMOR
ASUERO
HEZRON
AUMENTADO
DESFALLECIDO
AFFICCION
CAUTIVASTE
SINAI
DERRITE
PALOMA
CADANAS
DIJERES
SUS
CORRIGES

OPROBIO
DRAGON
CONSEJEROS
RECTITUD
JOVEN
SALVACION
NACIONES
SACRIFICIO
CONMIGO
DESECHARON
MARAVILLAS
LLEGABA
PROVINCIA
SOTO
BANQUETE
ELLA
HIZO
HABONA
PRESENCIA
AZUBA
CIELO
ABISMOS
URIAS
ENROJECERA
HALLASTE
LANZADO
CODOS
SANTISIMO
PORTEROS
VINO
HOYO

La repuesta del entretenimiento 19

JEHOVA, PRNCIPES, BELLEZA, SALVACION, RUBEN.
DIOS, OPROBIO, JESUS, SOBERBIOS, CONSEJEROS.
MANDAMIENTOS, REGIA, SACRIFICIO, FRENTE.
SEPTIMO, OLVIDARE, VASTI, TEMERE, PODEROSOS.
CUERDAS, ELLA, AZUBA, HUYAN, LLEGABA, PALOMA.
XALTARE, CASA, ENGRANDECIDO, LANZARAS.
CIELO, PRESENCIA, GOBERNADORES, SOTO, PLUMAS.
HEZRON, MARMOL, AYUDAN, ALABANZA, DERRITE.
MUSICOS,TESTIMONIOS, SIDONIOS, EXALTAD.
SANTISIMO, CAMINOS, ABISMO, RODEARON.
APARTA, PROVINCIA, RECTITUD, DESFALLECIDO.
DETERMINADO, DONCELLAS, SINAI, PERROS, AKMA.
CORAZON, NACIONES, PROSPERAR, REPRENDISTE.
ESTATUTOS, PERSIA, EXCELENCIAS, IRA, HUNDIDO.
SILVESTRES, BIGTA, JOVEN,SION, SUS, AFIRMASE.
HOYO, LABIOS, CUMPLIDOS, AUMENTADO, ABEJAS.
EVA, DESVIARME, ESPACIOSO, CONMIGO, ALELUYA.
VALENTIAS, JACINTO, PROCLAMADA, ALABASTRO.
ALTURA, DESTRUIRE, DRAGON, DIJERES, PUEDA.
ENROJECERA, HIZO, AFFICCION, ASIMISMO, ESPIRITU.
NEVADO, MARAVILLAS, AMOR, FIDELIDAD, CORONA.
DESECHARON,HALLASTE,OMNIPONTENTE, CODOS.
PRESENCIA, PORTEROS, CIERTAMENTE, CADANAS.
CORRIGES, JESUCRISTO,ORIAS,MARDOQUEO.
HABONA, ENTERAMENTE, PUBLICASE, BANQUETE.
PENSAMIENTOS, TABENACULOS, ASUERO, LANZADO.
CAUTIVASTE, INSENSATEZ, LENGUA.

La repuesta del entretenimiento 20

FRENTE · ABOMINACIONES · CADAVERES · CAZADORES
JESUCRISTO · ENEMIGO · EZEQUIAS · GUARDATE
REDIMIRE · PECADOS · COMPASION · SENTADA
PRIMERO · ESPIRITU · HERMANOS · SANGRE
ARRASTRADA · ANGELES · ARROJADO · CORDEROS
RELAMPAGOS · TERREMOTO · CLAMADO · LEVANTATE
PERMITIRAN · GENTILES · SEPTIMO · AMARGARA
CRUCIFICADO · TRONO · EMANUEL · ABISMO
MISERICORDIA · JERUSALEN · DIOS · SOTO
POTENTE · ARREPINTIERON · BABILONIA · DIVIDIDA
TEMBLOR · MANDAMIENTOS · LUGAR · DERRAMO
ALUMBRADA

La repuesta del entretenimiento 20

Usen los mismos numeros, para completar las palabras.

(FRE) SENT 37 29 CLA	JADO 20 ONO 24 CADA
DORES 35 ADOS 15	28
36	LONIA 33 41 AMAR
A DATE CORDIA	15
ALUM 20	P T ESP 30 19 GEN
TR RITU 16	EC O 43
M 12 ENTE 10	CAZA MIRE 3
ABOMINA 13	35
27 11 F	GRE 38 10 POT ANOS 27
EZE HERM TEM	EMA 31 39 CORD
25 I	ENE 14
34 22 ARREPIN E 17 C	BLOR 11
LU A	TE 18
MANDA 23 D	RRA 5 TRADA
41 30 O	26 ASION
GARA TIMO S	RE LEVAN
COMP 26 SO ALEN 21	40 MIENTOS 23
43 TILES 19	Q 25
TIRAN 7	UI PERMI 7 45 AMO
TATE 40	AS PAGOS 6
NUEL 31	CIONES 13
BABI 33 S RELAM	21 JERUS 4 PRI 32 O
42 M 6	(NTE) MISERI 9 ADA 37
O DIVI	44 DIDA 2 RISTO
44	22 TIERON ABI 41 G
VERES ERO	34 A
24 DERR 45 39 S	16 ESPI GUAR 36 R
ARRAS 5 3 REDI S	17 ANG 12 BRADA MADO 29
18 14	
A MOTO M SAN D	
RR I 38 32 1	
O 28 MERO 4 G	
O 2 JESUC	

103

La repuesta del entretenimiento 21

JEHOVA
ANUNCIADO
OMNIPOTENTE
RUBEN
JERUSALEN
LAMENTARE
JUNTARON
ELEMENTOS

SOTO
JESUS
PEREZCA
DESCENDENCIA
SIRVIENTES
DRAGON
REINARAN
QUEMADAS

MENTIRAS
ADELANTO
OFICIALES
ACONTECERA
ANDAREMOS
SERPIENTE
CADAVERES
ORACION

MUERAN
MANDAMIENTO
MIZPA
VENDRA
LLOREIS
LANZADO
SODOMA
RODILLAS

La repuesta del entretenimiento 21

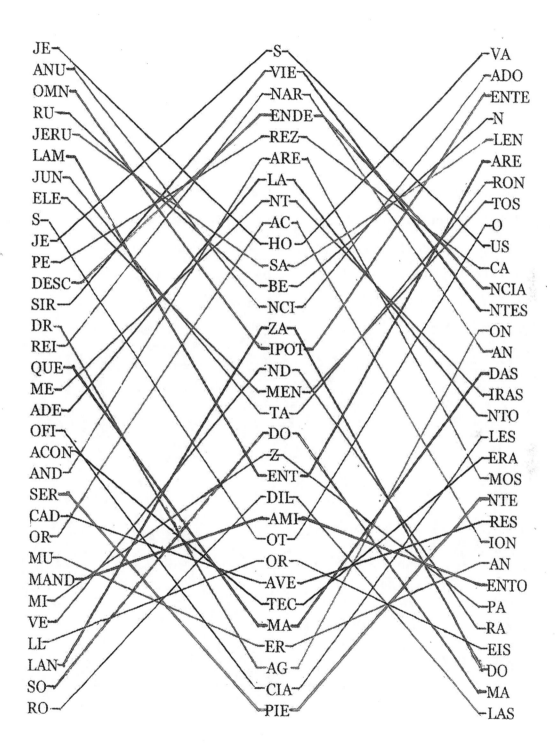

La repuesta del entretenimiento 22

1 Jacob, (Lea), Rubén; Gn 29:25, 32.

2 Booz, (Rut) Obed; Rt 4:13-17.

3 David, (Betsabé), Salomón; 1R 1:11,13.

4 Jehová, (María), Jesús; Mt 1:18-20.

5 Adán, (Eva), Abel; Gn 4:1.

6 Nabat, (Zerúa), Jeroboam; 1R 11:26.

7 Elcana, (Ana), Samuel; 1S 1:19-20.

8 Salomón, (Naama), Roboam; 1R 14:21.

9 Lamec, (Ada), Jabal; Gn 4:19-20.

10 Elimelec, (Noemi), Mahlón; Rt 1:2.

11 Zacaría, (Elisabet), Juan; Lc 1:13.

12 Moisés, (Seforá), Gersón; Éx 2:21-22.

13 Jacob, (Raquel), José; Gn 35:24-26.

14 Abiam, (Maaca), Asa; 1R 15:8-10.

15 Adán, (Eva), Caín; Gn 4:1.

16 Abraham, (Sala), Isaac; Gn 21:3.

17 Judá, (Súa), Er; Gn 38:2-3.

18 Esaú (Ada), Elifaz; Gn 36:4.

19 José, (Asenat), Manasés; Gn 41:50-51.

20 Elimelec, (Noemi), Quelión; Rt 1:2.

21 Abraham, (Cetura), Zimram; Gn 25:1-2.

22 Jacob, (Bilha), Neftalí; Gn 30:7-8.

23 Judá, (Tamar), Fares; Gn 38:24-29.

24 Lamec, (Zila), Tubalcaín; Gn 4:19, 22.

La repuesta del entretenimiento 23

Lc 1:26 Al <u>sexto</u> mes el ángel <u>Gabriel</u> fue enviado por <u>Dios</u> a una ciudad de Galilea, lla- mada <u>Nazaret</u>.

Lc 1:27 a una <u>virgen</u> desposada con un <u>varón</u> que se llamaba <u>José</u>, de la casa de David; y el nombre de la virgen era <u>María</u>.

Lc 1:28 Y entrando el ángel en <u>donde</u> ella estaba, dijo: <u>¡salve</u> muy favorecida! El Señor es contigo; <u>bendita</u> tú entre las <u>mujeres</u>.

Lc 1:29 Mas ella, cuando le <u>vio</u>, se turbó por sus palabras, y <u>pensaba</u> qué salutación ser- ía <u>esta</u>.

Lc 1:30 Entonces el <u>ángel</u> le dijo: <u>María</u>, no temas, porque has <u>hallado</u> gracia delante de <u>Dios</u>.

Lc 1:31 Y ahora concebirás en tu <u>vientre</u>, y darás a luz un hijo, y <u>llamarás</u> su nombre Je- <u>sús</u>.

Lc 1:32 Este será <u>grande</u>, y será llamado Hijo del <u>altísimo:</u>y el Señor Dios le dará el <u>tro- no</u> de David su <u>padre</u>.

Lc 1:33 y reinará <u>sobre</u>la casa de <u>Jacob</u> para siempre, y su <u>reino</u> no tendrá <u>fin</u>.

Lc 1:34 Entonces María dijo al <u>ángel</u>: ¿Cómo será esto? pues no <u>conozco</u> varón.

Lc 1:35 Respondiendo el <u>ángel</u>, le dijo: El Espíritu Santo <u>vendrá</u> sobre ti, y el poder del <u>Altísimo</u> te cubrirá con su sombra; por lo cual también el <u>Santo</u> Ser que nacerá, será lla- mado <u>Hijo</u> de Dios.

 Lc 1:36 Y he aquí tu pariente <u>Elisabet</u>, ella también ha<u>concebido </u>hijo en su vejez; y este es el <u>sexto</u> mes para ella, la que llamaban <u>estéril</u>.

Lc 1:37 porque nada hay <u>imposible</u> para Dios.

Lc 1:38 Entonces <u>María</u> dijo: He aquí la sierva del <u>Señor</u>; hágase conmigo conforme a t- u <u>Palabra</u>. Y el <u>ángel</u> se fue de su presencia.

La repuesta del entretenimiento 24

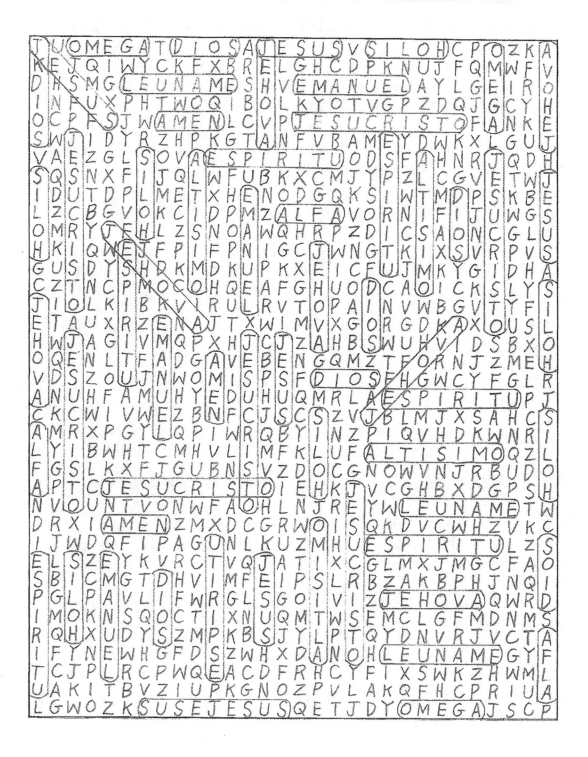

La repuesta del entretenimiento 24

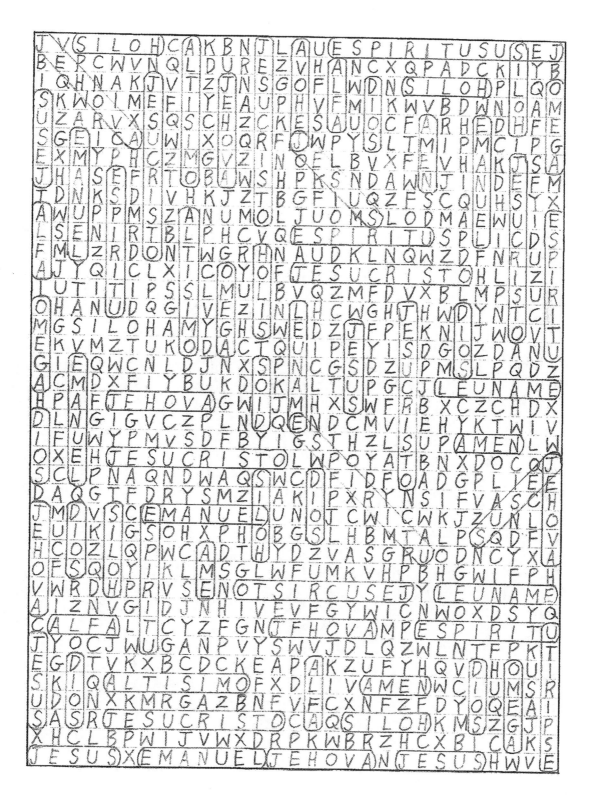

La repuesta del entretenimiento 25

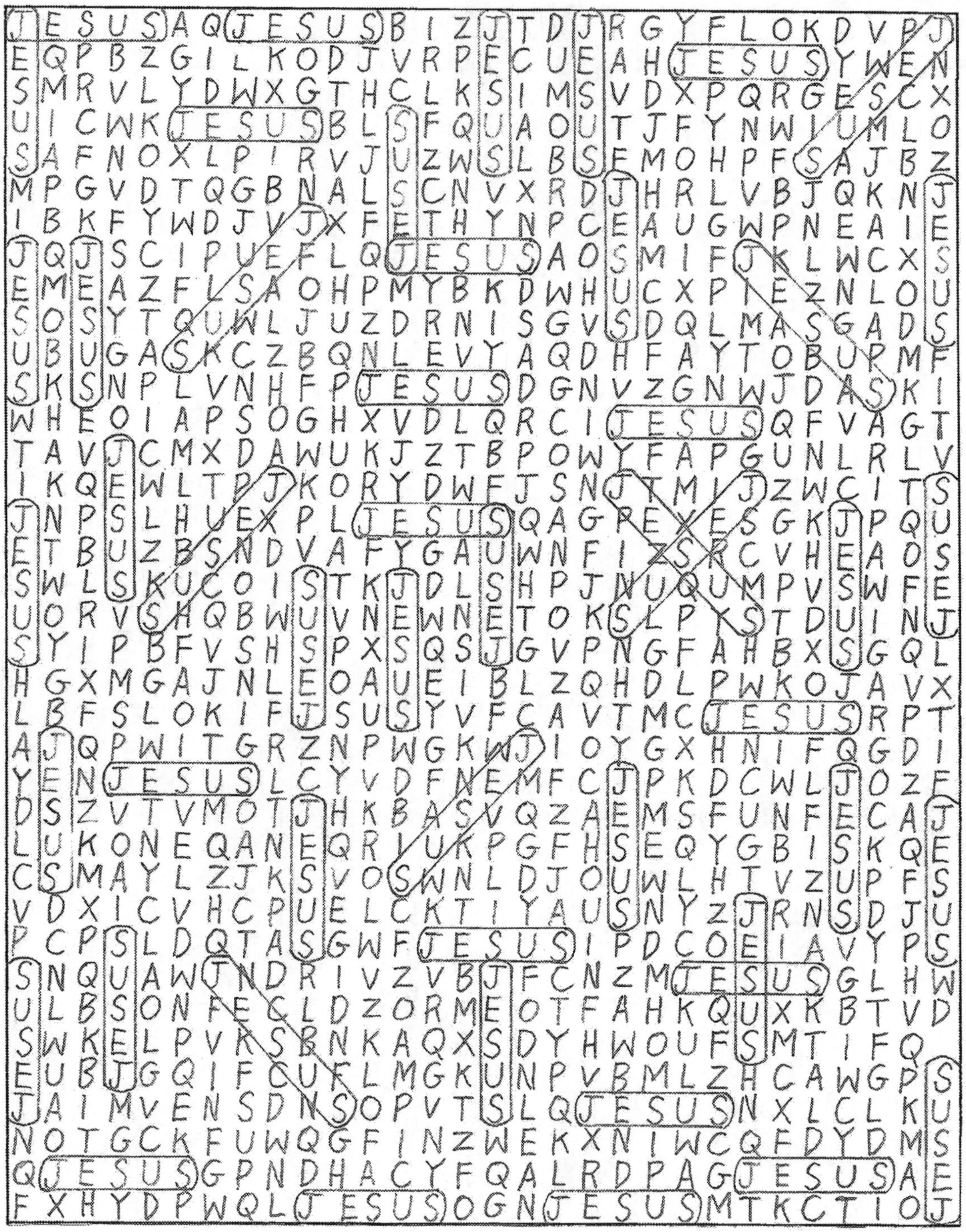

La repuesta del entretenimiento 26

LAMEC VIVIO, <u>175</u> AÑOS; Gn 5:31.
ABRAHAM VI VIO, <u>175</u> AÑOS; Gn 25:7.
SET VIVIO, <u>912</u> AÑOS; Gn 5:8.
NACOR VIVIO, <u>119</u> AÑOS; Gn 11:25.
MATUSALEN VIVIO, <u>969</u> AÑOS, Gn 5:27.
REU VIVIO, <u>207</u> AÑOS; Gn 11:21.
HEBER VIVIO, <u>430</u> AÑOS; Gn 11:17.
MAHALALEEL VIVO, <u>895</u>; Gn 5:17.
JOSE VIVIO, <u>110</u> AÑOS; Gn 50:26.
PELEG VIVIO, <u>209</u> AÑOS; Gn 11:19.
ARFAXAD VIVIO,<u>403</u> AÑOS; Gn 11:13.
JOB VIVIO, <u>140</u> AÑOS; Job 42:16.

ADAN VIVIO, <u>930</u> AÑOS; Gn 5:5.
SALA VIVIO, <u>403</u> AÑOS; Gn 11:15.
TARE VIVIO, <u>205</u> AÑOS; Gn 11:32.
NOE VIVIO, <u>950</u> Gn 9:29.
CAINANVIVIO, <u>910</u> AÑOS; Gn 5:14.
JACOB VIVIO, <u>147</u> AÑOS; Gn 47:28.
SEM VIVIO, <u>500</u> AÑOS; Gn 11:11.
SERUG VIVIO, <u>200</u> AÑOS; Gn 11:23.
JARED VIVIO, <u>962</u> AÑOS; Gn 5:20.
ENOS VIVIO, <u>905</u> AÑOS; Gn 5:11.
ENOC VIVIO, <u>365</u> AÑOS; Gn 5:23.

<u>AREAXAD, SEM, MAHALALEEL, JOB, SERUG.</u>
<u>SET, LAMEC, CAINA, MATUSALEN, REU, NACOR.</u>
<u>JARED, NOE, ENOC, PELEG, REU, JACOB, JOSE.</u>
<u>HEBER, ENOS, ABRAHAM, TARE, ADAN, SALA.</u>

La repuesta del entretenimiento 27

Éx 20:3 No tendrás <u>dioses</u> ajenos <u>delante</u> de mí.

Éx 20:4 No te harás <u>imagen</u>, ni ninguna <u>semejanza</u> de lo que esté arriba en el cielo, ni abajo en la <u>tierra</u>, ni en las aguas debajo de la tierra.

Éx 20:5 No te <u>inclinarás</u> a ellas, ni las honrará; porque yo soy Jehová tu Dios, fuerte, <u>celoso</u>, que visito la <u>maldad</u>de los padre sobre los <u>hijos</u> hasta la tercera y cuarta <u>genera- cion</u> de los que me aborrecen,

Éx 20:6 y hago misericordia a <u>millares</u>, a los que me <u>aman</u> y guardan mis mandamient- os.

Éx 20:7 No <u>tomarás</u> el nombre de Jehová tu Dios, en vano; porque no dará por inocente Jehová al que <u>tomare</u> su nombre en <u>vano</u>.

Éx 20: 8 Acuérdate del día de <u>reposo</u> para santificarlo.

Éx 20:9 Seis días <u>trabajarás</u>, y harás todas tu obra;

Éx 20:10 mas el <u>séptimo</u> día es reposo para Jehová tu Dios; no <u>hagas</u> en él obra alguna, tú, ni tu hijo, ni tu <u>hija</u>, ni tu siervo, ni tu <u>criada</u>,ni tu bestia, ni tu <u>extranjero</u> que está <u>dentro</u> de tus puertas.

Éx 20:11 Porque en seis días <u>hizo</u> Jehová los cielos y la tierra, el <u>mar</u>, y todas las cosas que en ellos hay, y reposó en el séptimo <u>día</u>; por tanto, Jehová <u>bendijo</u> el día de reposo y lo <u>santificó</u>.

Éx 20:12 Honra a tu <u>padre</u> y a tu <u>madre</u> para que tus días se alarguen en la tierra que <u>Jehová</u> tu Dios te da.

Éx 20:13 No matarás.

Éx 20:14 No cometerás <u>adulterio</u>.

Éx 20:15 No hurtarás.

Éx 20:16 No hablarás <u>contra</u> tu prójimo falso <u>testimonio</u>.

Éx 20:17 No codiciarás la <u>casa</u> de tu <u>prójimo</u>, no codiciarás la <u>mujer</u> de tu prójimo, ni su siervo, ni su <u>criada</u>, ni su buey, ni su <u>asno</u>, ni cosa alguna de tu <u>prójomo</u>.

La repuesta del entretenimiento 28

1. En el principio creó Dios los cielos y la tierra; <u>Gn 1:1</u>.

2. Pues se da testimonio de él tú eres sacerdote para siempre, según el orden de Melqui- sedec; <u>He 7:17</u>.

3. En aquel día cantarán este cántico en tierra de Judá: Fuerte ciudad tenemos; salvaci- ión puso Dios por muros y antemuro; <u>Is 26:1</u>.

4. De veintidós años era Amón cuando comenzó a reinar, y dos años reinó en Jerusalén; <u>2R 21:19</u>.

5. Y los israelitas dijeron a Gedeón: Sé nuestro señor, tú, y tu hijo, y tu nieto; pues que nos has librado de mano de Madián. <u>Jue 8:22</u>.

6. Y el que tomare la mujer de su hermano, comete inmundicia; la desnudez de su her- mano descubrió; sin hijos serán; <u>Lv 20:21</u>.

7. Todo el pueblo observaba el estruendo y los relámpagos, y el sonido de la bocina, y el monte que humeaba; y viéndolo el pueblo, temblaron, y se pusieron de lejos; <u>Éx 20:18</u>.

8. Entonces Lot salió a ellos a la puerta, y cerró la puerta tras sí;<u>Gn 19:6</u>.

9. El oficio de los hijos de Coat en el tabernáculo de reunión, en el lugar santísimo, será este; <u>Nm 4:4</u>.

10. Él entonces, respondiendo, le dijo: Déjala todavía este año, hasta que yo cave alrede- dor de ella, y la abone; <u>Lc 13:8</u>

11. Pero la palabra del Señor crecía y se multiplicaba; <u>Hch 12:24</u>.

12. La gracia de nuestro Señor Jesucristo sea con todos vosotros. Amén; <u>Flm 25</u>.

13. Y Adán no fue engañado, sino que la mujer, siendo engañada, incurrió en transgresi- ón; <u>1T 2:14</u>.

14. Oí una gran voz que decía desde el templo a los siete ángeles: Id y derramad sobre la tierra las siete copas de la ira de Dios; <u>Ap 16:1</u>.

15. A ser prudentes, castas, cuidadosas de su casa, bunas, sujetas a sus maridos, para que la palabra de Dios no sea blasfemada; <u>Tit 2:5</u>.

16. Volvió a decirle la segunda vez: Simón, hijo de Jonás, ¿me amas? Pedro le respondió : Señor; tú sabes que te amo. Le dijo: Pastorea mis ovejas. <u>Jn 21:16</u>.

La repuesta del entretenimiento 29

ABRAHAM	JOSE	BOSQUE
HIJOS	CONTRA	FUEGO
CAMINO	DICIENDO	HAMAT
PALABRA	HILCIAS	ELIAQUIM
ESTIERCOL	RESISTIR	CABALLOS
OIDME	GEMIDO	CONFIAS
JESUS	ASIRIA	SATANAS
FINAL	CIELOS	DIOS
MEDIO	OLIVOS	ESPIRITU
PLAZAS	HERMANOS	DARLE
NECIOS	NOCHES	BESTIA
PLEITO	DIADEMAS	CATORCE
CLAMADO	TRUENOS	ESCRIBAS
SOTO	DISCIPULOS	VAMOS
HAORA	FUERON	TIBERIAS
INJUSTO	MAESTRO	DARE
FUERZA	RABONI	LIBROS
VIDA	CORRERAN	NADIE
MOSTRARE	ROSTROS	MALDAD
INTIMA	MATARON	PADECIDO

La repuesta del entretenimiento 29

La repuesta del entretenimiento 30

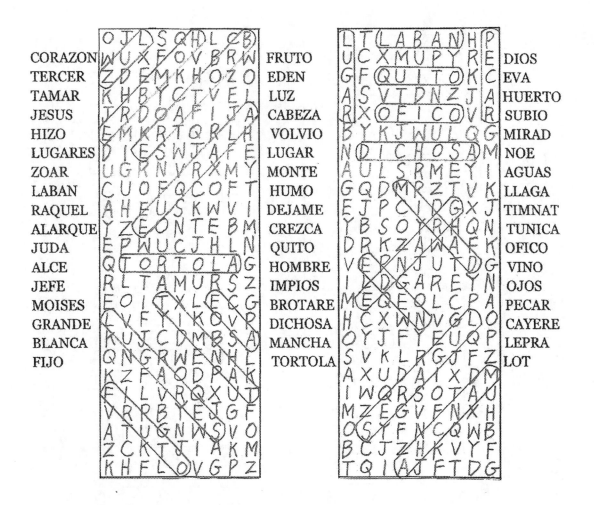

CORAZON
TERCER
TAMAR
JESUS
HIZO
LUGARES
ZOAR
LABAN
RAQUEL
ALARQUE
JUDA
ALCE
JEFE
MOISES
GRANDE
BLANCA
FIJO

FRUTO
EDEN
LUZ
CABEZA
VOLVIO
LUGAR
MONTE
HUMO
DEJAME
CREZCA
QUITO
HOMBRE
IMPIOS
BROTARE
DICHOSA
MANCHA
TORTOLA

DIOS
EVA
HUERTO
SUBIO
MIRAD
NOE
AGUAS
LLAGA
TIMNAT
TUNICA
OFICO
VINO
OJOS
PECAR
CAYERE
LEPRA
LOT

1 ¿Qué persona fue, la que tomo a su tía, por mujer? (Amrám); Éx 6:20.

2 ¿Cuál fue el nombre, del hermano de Moisés? (Aarón Éx 7:1.

3 ¿De Moisés y su hermano, cual de ello dos, fue el mayor? (Aarón); Éx 7:7.

4 ¿Cuál fue el nombre, de la hermana, de Moisés? (María); 1Cr 6:3.

5 ¿Cuál fue el nombre, del padre de Moisés? (Amrám) Éx 6:20.

6 ¿Cuantos años fueron, lo que tenía Moisés, cuando el regreso a Egipto? (80 años); Éx- 7:77.

7 ¿Cuantos años tenía Moisés, cuando él murió? (120 años); Dt 34:7.

8 ¿Cuál fue el nombre, del hijo mayor de Moisés? (Gersón); Éx 2:22.

9 ¿La esposa de Moisés, le dijo a él, tú ere un marido de sangre? Sí o no, (Sí); Éx 2:22.

10 ¿Moisés llego a ver la tierra prometida? Sí o no, (Sí); Dt 34:4.

11 ¿Cuál fue el nombre, de la madre de Moisés? (Jocabad); Éx 6:20.

La repuesta del entretenimiento 30

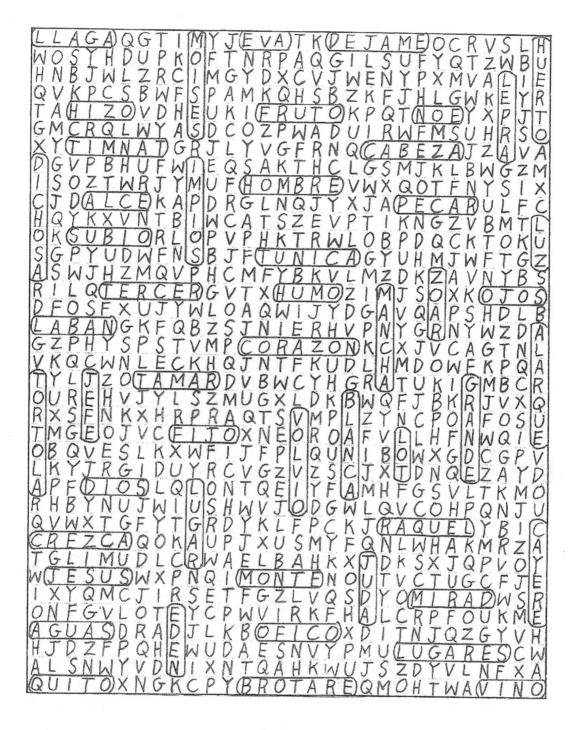

La repuesta del entretenimiento 31

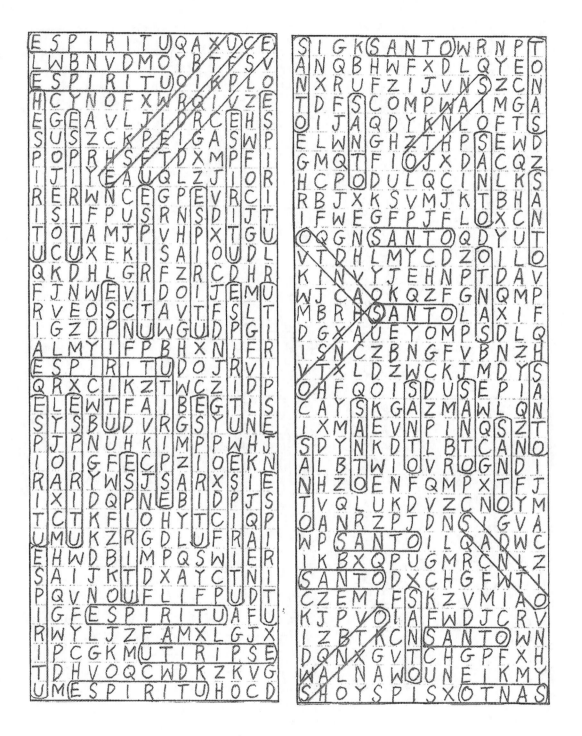

La repuesta del entretenimiento 32

Para buscar la repuesta, usen los números.

1 (Jehová); Mt 8:29.

2 (Harán); Gn 11:27.

3 (Jacob); Gn29:32.

4 (Mazraim) Gn 10:13.

5 (David) 1Cr 3:1.

6 (Canaán) Gn 10:15.

7 (Adán) Gn 4:2.

8 (Joctán) Gn 10:29.

9 (Cus) Gn 10:7.

10 (José) Gn 41:51.

11 (Raáma) Gn 10:7.

12 (Cam) Gn 10:6.

13 (Tare) Gn 11:26.

14 (Abraham) Gn 21:3.

15 (Ismael) Gn 25:13.

16 (Lot) Gn 19:37.

17 (Matusalén) Gn 5:26.

18 (Aram) Gn 10:23.

19 (Dedán) Gn25:3.

20 (Reu) Gn 11:20.

21 (Judá) Gn 38:3.

22 (Madián) Gn 25:4.

23 (Arfaxad) Gn10:24.

24 (Zebedeo) Mt 10:2.

25 (Jared) Gn 5:18.

26 (Set) Gn 5:6.

27 (Simeón) 1Cr4:24.

28 (Enós) Gn 5:9.

29 (Alfeo) Lc 6:16.

30 (Sem) Gn 10:22.

31 (Lamec) Gn 5:30.

32 (Noé) Gn 5:32.

33 (Rubén) 1Cr 5:3.

34 (Heber) Gn 10:25.

35 (Jafet) Gn 10:2.

15 (Nebaiot).

5 (Amnón).

17 (Lamec).

9 (Seba).

1 (Jesús).

20 (Serug).

2 (Lot).

35 (Gomer).

25 (Enoc).

3 (Rubén).

24 (Juan).

4 (Ludim).

34 (Peleg).

26 (Enós).

6 (Het).

22 (Efa).

13 (Abram).

11 (Dedán).

14 (Isaac).

31 (Noé).

33 (Hanoc).

19 (Letusim).

7 (Abel).

23 (Sala).

32 (Sem).

8 (Ofir).

21 (Er).

28 (Cainán).

10 (Manasés).

18 (Hul).

27 (Nemuel).

12 (Fut).

16 (Moab).

29 (Judas).

30 (Elam).

36 (Adán); Gn 4:1.

37 (Cis); 1S 9:1-2.

38 (Jafet); Gn 10:2.

39 (Nacor); Gn 11:24.

40 (Noé); Gn 5:32.

41 (Peleg); Gn 11:18.

42 (Judá); Gn 38:4.

43 (Taré) Gn 11:26.

44 (Cainán) Gn 5:12.

45 (Cus) Gn 10:8.

46 (Heber) Gn 10:25.

47 (Lot) Gn 19:38.

48 (Jocsán) Gn 25:3.

49 (Javán) Gn 10:4.

50 (David) 1Cr 3:1.

51 (Sem) Gn 10:22.

52 (Abram) Gn 16:15.

53 (Mazraim) Gn 10:13.

54 (Saúl) 1S 31:2.

55 (Isai) 1S 16:19.

56 (Hilcías) Jer 1:1.

57 (Ismael) Gn 25:13.

58 (Safat) 1R 19:19.

59 (Josafat) 2Cr 21:1.

60 (Jonatán) 2S 9:6.

61 (Caín) Gn 4:17.

62 (Jacob) Gn 30:11.

63 (Jose) Gn 41:52

64 (Zebedeo) Mt 10:2.

65 (Booz) Mt 1:5.

66 (Rubén) 1Cr 5:3.

67 (Amoz) Is 1:1.

68 (Aram) Gn 10:23.

69 (Zacarías) Lc 1:63.

70 (Simón) Jn 6:71.

58 (Eliseo).

43 (Nacor).

37 (Saúl).

41 (Reu).

59 (Joram).

53 (Ludim).

36 (Caín).

55 (David).

61 (Enoc).

70 (Judas)

60 (Mefiboset).

38 (Tubal).

65 (Obed).

69 (Juan).

64 (Jacobo).

40 (Jafet).

50 (Amnón).

57 (Cedar).

39 (Taré).

51 (Aram).

62 (Gad).

42 (Onán).

67 (Isaías).

48 (Dedán).

68 (Uz).

44 (Mahalaleel).

45 (Nimrod).

52 (Ismael).

46 (Joctán).

63 (Efraín).

66 (Falú).

47 (Benammi).

49 (Quitim).

54 (Jonatán).

56 (Jeremías).

La repuesta del entretenimiento 33

1Corintios 12:1-14.

1. 1C0 12:1 No quiero, hermanos, que <u>ignoréis</u> acerca de los <u>dones</u> espirituales.

2. 1Co 12:2 Sabéis que cuando erais <u>gentiles</u> se os extraviaba <u>llevados</u> como se os lleva- ba, a los ídolos <u>mudos</u>.

3. 1Co 12:3 Por tanto, <u>hago</u> saber que nadie que hable por el <u>Espíritu</u> de Dios llama ana- tema a Jesús; y nadie puede <u>llamar</u> a Jesús Señor, sino por el Espíritu Santo.

4. 1Co 12:4 Ahora bien, hay diversidad de <u>dones</u>, pero el Espíritu es el <u>mismo</u>.

5. 1Co 12:5 Y hay diversidad de <u>ministerios</u>, pero él <u>Señor</u> es el mismo.

6. 1Co 12:6 Y hay diversidad de <u>operaciones</u>, pero <u>Dios</u> que hace todas las <u>cosas</u> en tod- os, es el <u>mismo</u>.

7. 1C 12:7 Pero a cada uno le es dada la <u>manifestación</u> del Espíritu para <u>provecho</u>.

8. 1Co 12:8 Porque a éste es dada por el Espíritu <u>palabra</u> de sabiduría; a otro, palabra de <u>ciencia</u> según el <u>mismo</u> Espíritu.

9. 1Co 12:9 A otro, fe por el mismo Espíritu; y a otro, <u>dones</u> de <u>sanidades</u> por el mismo <u>Espíritu</u>.

10. 1Co 12:10 A otro, el hacer <u>milagros</u>; a otro, <u>profecía</u>; a otro, descernimiento de espí- ritu; a otro, diversos <u>géneros</u> de lenguas; y a otro, <u>interpretación</u> de <u>Lenguas</u>.

11. 1Co 12:11 Pero todas estas <u>cosas</u> las hace uno y el mismo Espíritu, <u>repartiendo</u> a cad- a uno en particular como él quiere.

12. 1Co 12:12 Porque así como el <u>cuerpo</u> es uno, y tiene muchos <u>miembros</u> pero todos l- os miembros del cuerpo, <u>siendo</u> muchos, son un solo <u>cuerpo</u>, así <u>también</u> Cristo.

13. 1Co 12:13 Porque por un <u>solo</u> Espíritu fuimos todos <u>bautizado</u> en un cuerpo, sean j- udíos o griegos, sean <u>esclavos</u> o libres; y a todos se nos dio a <u>beber</u> de un mismo Espíritu.

14. 1Co 12:14 Además, el <u>cuerpo</u> no es un solo <u>miembro</u> sino muchos.

La repuesta del entretenimiento 34

A

```
J E H O V A   J E S U S
      B O N D A D        E
      A P A R T A D O    N
A     E S P I R I T U    T
L     C   R E D I M E    E
A     O       F U E R Z A   N
B     R         T I E M P O  T
A     A   S A R A E   S E L L O S  A
N     Z     R   E   R U I D O S  N
Z     O     U   E
A   S E     F E   R U I D O S
S   E       R   H E C H O   C
E   R       U       A
R   A       S   O B R A S   P
A               T           A
C   O           R   P L A T A   I
O   N                       A
N   S       F U E R T E S   Z
S   E
E   J         C A N T A R E
J   O
O   P           R O C A
    E   A                   N
    R   N                   U
    S   D       G O Z O   A N
    I   A               S   C
    G   R               O   A
    A           C A N C I O N
                        L
                        A
```

JEHOVA
ALABANZA
BONDAD
ENTENTAN
REDIME
SERA
CORAZON
CONSEJO
FRUSTRA
HECHO
ANDAR
JESUS
PERSIGA
FUERZA
OBRAS
TIEMPO
SARAF
CAPATAZ
PLATA
NUNCA
ASOLA
ESPIRITU
FUERTES
CANTARE
CANCION
SELLOS
RUIDOS
APARTADO
ROCA
GOZO

B

La repuesta del entretenimiento 35

1. ¿Cuál fue el nombre, de la primera, siete iglesia de Ap? (Efeso); Ap 2:1.
2. ¿A qué profeta fue, al que Dios le dijo, que tomase a una mujer fornicaria? (Oseas), 1:2.
3. ¿De qué tierra fue, que Dios llamo a Abraham? (Ur de los caldeos); Gn 11:31.
4. ¿En qué isla era, que estaba Juan, cuando escribió el Ap? (Patmo); Ap 1:9.
5. ¿A qué rey fue, que el rey de Babilonia, le cambio el nombre? (Eliaquim); 2R 23:34.
6. ¿Cuál fue la primera ciudad, que Josué destruyo en Canaán? (A Jerico); Jos 6:1-3.
7. Jonás predicaba diciendo, que Dios iba a destruir a Nínive, ¿en cuántos días? (En cu- arenta días); Jon 3:4.
8. ¿Cuál fue el verdadero nombre, de Israel? (Jacob); Gn 32:28.
9. ¿Cuál fue el nombre, que Dios llamo, a la mujer de Adán? (Adán); Gn 5:2.
10. ¿Quién fue, el que enfermo a Pablo? (Un mensajero de Satanás; 2Co 12:7.
11. ¿Cuál fue el nombre, de la madre de Samuel? (Ana); 1S 1:20.
12. ¿Qué persona fue, el que lucho con un ángel? (Jacob); Gn 32:24.
13. ¿David tuvo un hijo, que se llamaba Daniel, sí o no? (Si); Cr 3:1.
14. ¿Cuál fue el verdadero nombre, de Ester? (Hadasa); Est 2:7.
15. ¿Cuál fue el rey, que cuyo corazón, era conforme al de Dios? (David); 1S 13:14.
16. ¿A qué tribu fue, la que Dios escogió, para que les sirvan en el Tabernáculo? (A Lev- í); Dt 10:8.
17. ¿Cuál fue el nombre, de la mujer de Booz? (Rut); 4:13.
18. ¿Cuál fue el nombre, de la mujer de Amán? (Zeres); Est 5:10.
19. ¿Qué rey fue, el que llevo a Israel cautivo? (El rey Asiria); 2R 18:11.
20. ¿Qué rey fue, el que llevo a Judá cautivo? (El rey Nabucodonosor); 2R 25:21.
21. ¿A qué rey fue, que el rey de Babilonia le saco los ojos? (Al rey Sedequías); 2R 25:7.
22. Jesús lloro por una persona, ¿quién fue esa persona? (Lázaro); Jn 11:32-35.
23. Jesús lloro por una ciudad, ¿cuál fue esa ciudad? (Jerusalén); Lc 19:41.
24. ¿En qué tierra fue, que Jesús se crio? (En Nazaret); Lc 2:39-40.
25. ¿Cuál fue el nombre, del sobrino de Abraham? (Lot); Gn 14:12.
26. ¿Quien fue, el que comió miel, que avía en un león? (Sanzón); Jue 14:7-9.
27. ¿Cuál fue el nombre, del primer hijo de Rubén? (Hanoc); 1Cr 5:3.
28. ¿Qué persona fue, el que vino de noche, para hablar con Jesús? (Nicodemo); Jn 3:12
29. ¿Qué persona fue, el que tomo la parte, de Judas Iscariote? (Amatías); Hch 1:26.
30. ¿A qué persona fue, al que un asno le abro? (Balaam); Nm 22:28.
31. Los padres del niñito Jesús, ellos buscaban al niño, ¿adónde fue que ellos lo encontr- aron? (En el templo); Lc 2:46.
32. ¿De qué tribu, era Moisés? (De Leví); 1Cr 6:1-3.
33. ¿Qué discípulo fue, el que negó a Jesús? (Pedro), Mr 14:67-68.
34. ¿Cuál fue el rey, que le brotó lepra en su frente? (Uzías); <u>2Cr 26:19.</u>

35. ¿Qué hermanos de Jesús, fue el que escribió, un libro en la Biblia? (Judas); Jud 1:1.

36. ¿Cuál es la última palabra, del NT? (Amén); Ap 22:21.

37. ¿Qué persona fue, la que quito, la maldición, de la tierra que Dios maldijo? (Noé); Gn 5:29.

38. ¿A qué discípulo fue, Jesús le dijo, por tres veces, tú me amas? (Pedro); Jn 21: 17.

39. ¿Jehová le dijo a Israel, que quite de mi esas músicas, sí o no? (si); Am 5:23.

40. ¿Cuál fue el primer árbol, que Dios lo llamo, por su nombre? (El árbol de la vida); Gn 2:5.

41. En el NT, ¿cuál es el libro, más cortó? (2Jn 1:1).

42. ¿Qué reina fue, la que quedo asombrada, con la sabiduría de Salomón? (La reina sa- ba); 1R 10:1.

43. ¿Que es el significado, para Sion? (Jerusalén); Is2:3.

44. En el NT, ¿cuál es la ciudad, más pequeña de la tierra de Judá? (Belén); Mt 2:6.

45. ¿Cuál es el nombre, del ángel mensajero? (ángel Gabriel); Lc 1:26.

46. ¿Cuál fue el nombre, de la madre de Juan, el Bautista? (Elisabet); Lc 1:13.

47. ¿Cuál fue el nombre, de la secunda esposa de Abraham? (Cetura); Gn 25:1.

48. ¿Cuál fue el nombre, del hijo de Saúl, el que era amigo de David? (Jonatán); 1S 18:1.

49. ¿De qué tierra era, el que mato al rey Saúl? (Amalecita); 2S1:8-10.

50. Una mujer corriendo, dejo caer a un niño, ¿quién fue ese niño? (Mefiboset); 2S 4:4.

51. Un hijo de David, izo guerra contra él, ¿cuál fue el nombre? (Absalón); 2S 15:13.

52. ¿Cuándo David huía de su hijo, una persona lo maldijo, y le arrojo piedras? (Simei); 2S 16:5-6.

53. ¿Que rey fue, el que visito, a una adivina? (El rey Saúl); 1Cr 10:13.

54. ¿Cuál fue el nombre, del padre de Noé? (Lamec); Gn 5:30.

55. ¿Cuál fue el nombre, del tercer hijo de Adán? (Set); Gn 4:25.

56. ¿Qué profeta fue, el que fue levantado, en un carro de fuego? (Elías); 2R 2:11.

57. ¿Cuál fue el nombre, del criado de Eliseo? (Giezi); 2R 5:20.

58. Por causa de un hombre, Dios maldijo la tierra, ¿cuál fue su nombre? (Adán); Gn 3: 17.

59. ¿En la creación, que fue lo primero que Dios creó? (La luz); Gn 1:3.

60. ¿Qué profeta fue, al que echaron, en el foso de los leones? (A Daniel); Dn 6:16.

61. De Edén, salía cuatro rio, ¿cuál fue el nombre, del primer rio? (Pisón); Gn 2:10-11.

62. De Abel y Caín, ¿cuál de los dos fue el mayor? (Caín); Gn 4:1-2.

63. ¿A qué persona fue, al que Dios le dijo, maldito tú de la tierra? (Caín); Gn 4:11.

64. ¿Cuantas concubinas, fueron las que tuvo Salomón? (Trescientas); 1R 11:3.

65. ¿A Satanás y a sus ángeles, Dios los vas arrojar a tierra, sí o no? (Si); Ap 12:9.

66. ¿Cuál fue el nombre, del primer sacerdote? (Aarón); Éx 29:4-5.

67. ¿Cuál fue el nombre, del secundo sacerdote? (Eleazar); Nm 20:28.

68. ¿Quién fue el que le cambio, el nombre a Josué? (Moisés); Nm 15:16.

69. ¿Las dos tablas de piedras, estaban escritas, por ambos lados? Sí, no (Si); Éx 32:15.

70. ¿En qué monte fue, que Salomón edifico casa a Jehová? (Monte Moriah); 2Cr 3:1.

La repuesta del entretenimiento 36

GENESIS	JOB	HABACUS	COLOSENSES
ÉXODO	SALMOS	SOFONIAS	1TESALONICENSES
LEVITICO	PROVERBIOS	HAGEO	2TESALONICENSES
NUMEROS	ECLESIATES	ZACARIAS	1TIMOTEO
DEUTERONOMIO	CANTARES	MALAQUIAS	2TIMOTEO
JOSUE	ISAIAS	MATEO	TITO
JUECES	JEREMIAS	MARCOS	FILEMON
RUT	LAMENTACIONES	LUCAS	HEBREOS
1SAMUEL	EZEQUIEL	JUAN	SANTIAGO
2SAMUEL	DANIEL	HECHOS	1PEDRO
1REYES	OSEAS	ROMANOS	2PEDRO
2REYES	JOEL	1CORINTIOS	1JUAN
1CRONICAS	AMOS	2CORINTIOS	2JUAN
2CRONICAS	ABDIAS	GALATAS	3JUAN
ESDRAS	JONAS	EFESIOS	JUDAS
NEHEMIAS	MIQUEAS	FILIPENSES	APOCALIPSIS
ESTER	NAHUM		

2CORINTIOS, FILEMON, GENESIS, HABACUS, LUCAS.
EFESIOS, ROMANOS, 1TESALONICENSES, ÉXODO.
JUDAS, MALAQUIAS, 2TIMOTEO, TITO, 2SAMUEL.
COLOSENSES, NAHUM, LEVITICO, ZACARIAS.
LANTACIONES, ISAIAS, DEUTERONOMIO.
APOCALIPSIS, ECLESIATES, JOB, ESTER, JUAN.
HEBREOS, NUMEROS, 2TESALONICENSES, JOEL.
PROVERBIOS, 1SAMUEL, 1JUAN, MATEO, SALMOS.
2PEDRO, 1CRONICAS, JEREMIAS, 1REYES, 3JUAN.
DANIEL, JOSUE, SOFONIAS, 1TIMOTEO, AMOS, RUT.
2CRONICAS, ZACARIAS, SANTIAGO, MARCOS.
MIQUEAS, JUECES, HECHOS, 2REYES, CANTARES.
GARATAS, 1CORINTIOS, FILIPENSES, NEHEMIAS.
ESDRAS, ISAIAS, 2JUAN, JONAS, ABDIAS, EZEQUIEL.
1PEDRO, HAGEO.

1. ¿Cuantos libros hay, en el Nuevo Testamento? (27 Libros).

2. ¿Cuantos libros hay, por todos? (66 Libros).

3. ¿Cuantos libros hay, en el Antiguo Testamento? (39 Libros).

La repuesta del entretenimiento 36

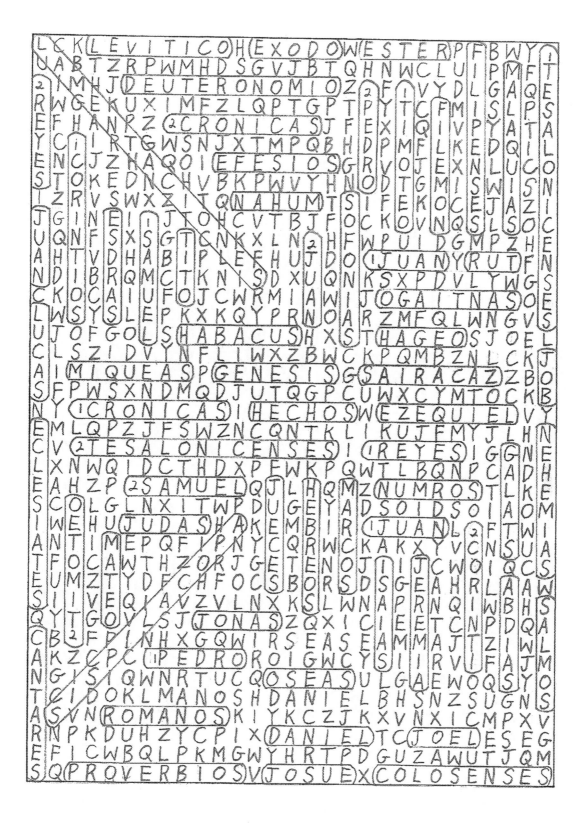

La repuesta del entretenimiento 37

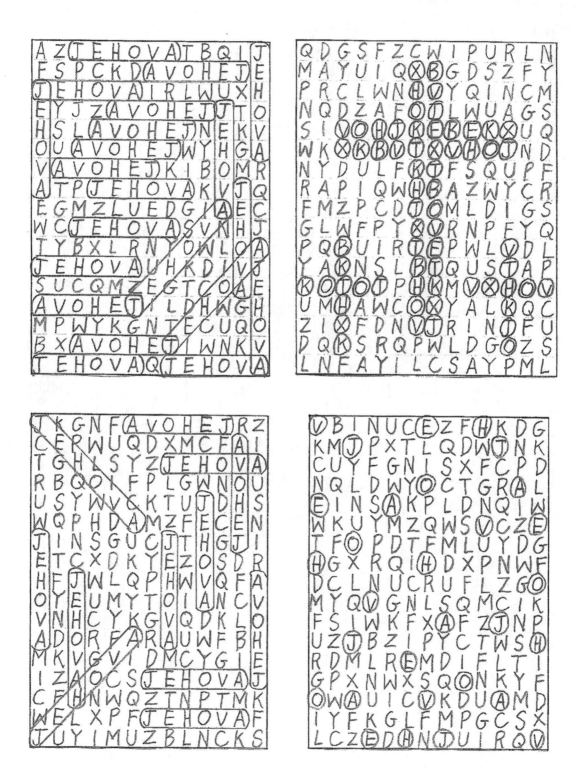

La repuesta del entretenimiento 38

1. ¿A qué hombre fue, el que más vivió? (Matusalén); Gn 5:27.
2. Éx 20:12 ¿Cuál es el quinto mandamiento? <u>Honra a tu padre y a tu madre.</u>
3. ¿Cuál fue el nombre de la joven, que calentaba, al rey David? (Abisag); 1R 1:3.
4. ¿Cuál fue el nombre, de la madre del rey Roboam? (Naama), 1R 14:21.
5. ¿Cuál fue el nombre, del primer rey? (Saúl); 1S 11:15.
6. ¿Adónde era que estaba Satanás, cuando él se reveló, contra su Dios? (En el Santo m- onte de Dios); Ez 28:14.
7. ¿Cuantos días fueron, lo que se echó Dios, a crear todas su creación? (El día séptimo); Gn 2:2.
8. ¿Cuándo arrestaron a Jesús, que discípulo fue el que saco una espada? (El discípulo Pedro), Jn 18:10.
9. ¿Cuál es el último libro , del AT? (Malaquías); Mal 1:1.
10. ¿Cuál fue el primer nombre, de la primera esposa de Abraham? (Sarai); Gn 11:31.
11. ¿De quién fueron lo hueso, que Israel saco de Egipto? (De José); Gn 50:25.
12. ¿Cuál fue el primer nombre de Josué? (Oseas); Nm 13:16.
13. ¿Cuál es la primera palabra del AT? (Principio), Gn 1:1.
14. ¿Quién fue el que escribió, el último libro del NT? (Juan), Ap 1:9,11.
15. ¿Cuál fue el nombre, del monte que Moisés subió? (El monte Horeb), Éx 3:1.
16. ¿A dónde fue que Moisés, arrojo las dos tablas de piedra, y la quebró? (Al pie del m- onte); Éx 32:19.
17. ¿Qué es un vidente? (Un profeta); 1S 9:9.
18. ¿Cuál es el significado, para Lazo? (Tormento); Jos 23:13.
19. ¿Cuantos ángeles fueron, los que se rebelaron, contra su Dios? (La tercera parte); A-p 12:4.
20. ¿Cuál fue el ángel, que se le revelo a María? (El ángel Gabriel); Lc 1:26.
21. ¿Cuél es el significado, para legumbres? (Vegetales); Gn 9:3.
22. Una mujer gobernaba a Israel, ¿cuál es su nombre? (Débora); Jue 4:4.
23. Moisés en el desierto, ¿una persona lo visito, y lo aconsejo a como juzgar a Israel? (Jetro); Éx 18:1, 13, 19.
24. ¿En qué monte fue, que el rey Saúl murió? (En el monte Gilboa); 1S 1:6.
25. ¿Cómo fue que Judas Iscariote murió? (El cayo de cabeza, y murió); Hch 1:16- 18.
26. ¿Cuál fue el nombre, de la madre de Rubén, hijo de Jacobo? (Lea); Gn 29:32.
27. ¿Cuál es el nombre, de Dios el Padre? (Jehová); Jer 31:35.
28. ¿Cuál fue el nombre, del ciervo de Moisés? (Josué); Jos 1:1.
29. ¿Cuál fue el nombre, del último rey de Israel? (Sedequías); 2R 25:27.
30. ¿Cómo fue que Juan el Bautista murió? (Le cortaron la cabeza); Mt 14:10-11.
31. Y ellos dijeron: No tenemos aquí sino (<u>cinco</u>) panes y (<u>dos</u>) peces; Mt 14:17.
32. ¿A qué persona fue, que un gran pez, se lo trago? (A Jonás); Jon 1:17.

La repuesta del entretenimiento 39

ALABO

ETERNO

DESECHADO

CIERTAMENTE

MANDAMIENTOS

SUSTENTAME

HABLABAN

AFIANZA

DESAMPARADOS

VIOLENCIA

SANTIDAD

POJOS

LABIOS

JESUCRISTO

RESPONDEME

VIGILIAS

VIVIFICAME

ESTABLECIDO

REDIMEME

BENDIGANOS

MANIFESTARE

DEBILITASTE

JACOB

DOLORES

VISITARA

CABALLOS

DONCELLAS

ENRONQUECIDO

MORTANDAD

JUZGA

SIGLOS

LAMPARAS

INSTANTE

CORAZON

CALAVERA

AMADO

TITULO

ESCONDEDERO

ASTUCIA

CONOZCO

GALLO

DESEABA

HAZ

RECTO

CAMINOS

RODILLAS

EXTRAVIADA

ALEJANDRO

MEDITAR

ALEJARON

PURPURA

CORONAS

FONDO

ESCUPIAN

LIBANO

GOLPEABAN

CORRALES

ALTURA

PUDRICION

JUDIOS

JUDAS

SELLOS

ENROLLA

RIGUEZAS

RELAMPAGOS

JUNTAMENTE

MONTABA

DESFALLECIERON

CUMPLIR

APARTAOS

FALSEDAD

MIEDO

MIENTES

MIRAME

ROSTRO

CONFIANZA

DICHOS

ERRANTE

ANDUVE

ALPA

MANDATOS

CERCANO

DEFIENDE

LAGUNAS

BARRABAS

AZOTARLE

IRA

REVISTA

PRETORIO

POBRE

ESTREMECI

FAZ

INFIERNO

PODER

REMOVIO

INCIENSO

ASPECTO

MULTITUD

ESJUSTICIA

CONTINUO

ABORREZCO

MALIGNOS

PILATO

OPRESOR

TESTIMONIOS

LIBRAME

ESTATUTOS

TROPIEZO

ALABANZA

TRAIAN

CRUZ

ESPERE

AYUDEN

CALLA

CAUSA

IZQUIERDA

VASTAGO

JEHOVA

ORO

TERROR

INJURIABAN

MERCADER

DENTRO

BERMEJO

GALATAS

SELLADO

HIGUERA

VOLANDO

PUERTA

La repuesta del entretenimiento 39

ALABO, MANDATOS, DESEABA, ESTATUTOS, ETERNO.
AYUDEN, FALSEDAD, ESCONDEDERO, LAGUNAS.
RESPONDEME, CRUZ, ALEJARON, VASTAGO, FAZ.
POBRE, HIGUERA, CONOZCO, TITULO, ESCUPIAN.
CALLA, RECTO, JUDAS, JACOB, TESTIMONIOS.
CERCANO, SUSTENTAME, ORO, CUMPLIR, OJOS.
DESFALLECIERON, VIVIFICAME, VIOLENCIA.
JUNTAMENTE, OPRESOR, INJUSTICIA, FONDO.
CAUSA, INFIERNO, GALATAS, DESECHADO, PUERTA.
GOLPEABAN, EXTRAVIADA, PRETORIO, BARRABAS.
ABORREZCO, ALPA, IZQUIERDA, ESTABLECIDO.
ESTREMECI, PURPURA, PUDRCION, LAMPARAS.
TROPIEZO, ALABANZA, ROSTRO, SELLADO, JUDIOS.
CONTINUO, CORAZON, APARTAOS, BENDIGANOS.
MALIGNOS, CALAVERA, MIRAME, CIRTAMENTE.
CABALLOS, REDIMEME, IRA, MEDITAR, REMOVIO.
RODILLAS, MERCADER, CALLA,HAZ, MULTITUD.
ALEJANDRO, MIENTES, LABIOS, ERRANTE, AFIANZA .
VISITARA, VIGILIAS, LIBRAME, DESAMPARADOS.
AZOTARLE, ANDUVE, JEHOVA, DONCELLAS, ASTUCIA.
ASTUCIA, ASPECTO, CAMINOS,VILANDO, JUZGA.
RELAMPAGOS, INSTANTE, INCIENSO, DEFIENDE.
SIGLOS, DENTRO, DOLORES, CORONAS, JESUCRISTO.
PILATO, POBRE, LIBANO, REVISTA, DEBILITASTE.
TERROR, CORRALES, AMADO, DICHOS, MANIFESTARE.
ESPERE, MANDAMIENTOS, SANTIDAD, MONTABA.
CONFIANZA, TRAIAN, HABLABAN, MORTANDAD.
RIGUEZA, ENRONQUECIDO, ENROLLA, BERMEJO.
INJURIABAN, MIEDO, LABIO.

La repuesta del entretenimiento 40

      Gn 1:1,   Jue 11:19,   1S 31:11,   1P 4:11.

1. En el principio creó Dios los cielos y la tierra, <u>Gn 1:1.</u>

      Ef 1:1,   Nah 3:8,   Cnt 5:1,   Ro 2:17

2. Pablo, apóstol de Jesucristo por la voluntad de Dios, a los santos y fieles en Cristo Jesús que están en Efeso, <u>Ef 1:1.</u>

      Ap 1:15,   Stg 4:6,   Dn 4:1,   Gn 9:10

3. Nabucodonosor   rey, a todos los pueblos, naciones y lenguas que moran en toda la tierra: Paz os sea multiplicada, <u>Dn 4:1</u>

      Sal 36:9,   Ap 5:1,   Mt 15:36,   Ap 21:13

4. Y vi en la mano derecha del que estaba sentado en el trono un libro escrito por dentro y por fuera, sellado con siete sellos, <u>Ap 5:1</u>

      Lc 13:27,   Dt 27:19,   Job 33:30,   Sal 150:6

5. Todos lo que respira alaba a Jehová. Aleluya, <u>Sal 150:6</u>

      2Cr 32:30,   Hch 9:39,   Éx 33:15,   Sal 78:72

6. Y moisés respondió: Si tu presencia no ha de ir conmigo, no nos saque de aquí, Éx 33:15.

      He 9:11,   Lc 5:33,   Rt 1:22,   Os 13:15

7. Entonces ellos le dijeron: Porque los discípulos de Juan ayudan muchas veces y hacen oraciones, y asimismo los de los fariseos, pero los tuyos comen y beben, <u>Lc 5:33.</u>

      Jos20:5,   Zac 6:7,   Gn 5:32,   Est 8:17

8. Y siendo Noé de quinientos años, engendró a Sem, a Cam y a Jafet, <u>Gn 5:32</u>

      2R 25:28,   Hag 2:19,   1S 8:10,   Jr 20:16

9. Y le habló con benevolencia, y puso su trono más alto que los tronos de los reyes que estaban con él en Babilonia, <u>2R 25:28.</u>

      1Ti 3:15,   1Co 12:10,   1S 21:6,   Ap 13:1

10. A otro, el hacer milagros; a otro profecía; a otro, discernimiento de espíritu; a otro, diversos géneros de lenguas; y a otro, interpretación de lenguas, <u>1Co 12:10.</u>

La repuesta del entretenimiento 41

1. Gn 1:1 En el principio <u>creó</u> Dios los <u>cielos</u> y la tierra.

2. Sal 150:2 Alabadle por sus <u>proezas</u>; Alabadle <u>conforme</u> a la muchedumbre de su gran- deza.

3. Ap 1:9 Yo Juan, vuestro hermano, y copartícipe <u>vuestro</u> en la tribulación, en el <u>reino</u> y en la paciencia de Jesucristo, estaba en la isla llamada <u>patmos</u>, por causa de la <u>palabra</u> de Dios y el testimonio de Jesucristo.

4. Ez 43:2 Y he aquí la gloria del Dios de <u>Israel</u>, que venía del oriente; y su <u>sonido</u> era c- omo el sonido de muchas <u>aguas</u>, y la tierra resplandecía a <u>causa</u> de su gloria.

5. 1Cr 16:1 Así trajeron el <u>arca</u> de Dios, y la pusieron en <u>medio</u> de la tienda que David <u>había</u> levantado para ella; y ofrecieron <u>holocausto</u> y sacrificios de paz delante de <u>Dios</u>.

6. Jud 6 Y los ángeles que no <u>guardaron</u> su dignidad, sino que <u>abandonaron</u> su propia morada los ha <u>guardado</u> bajo oscuridad, en <u>prisiones</u> eternas, para el juicio del <u>gran</u> día

7. Mt 19:16 Entonces vino <u>uno</u> y le dijo: Maestro <u>bueno</u>, que bien haré <u>para</u> tener la <u>vida</u> eterna.

8. Est 4:1 Luego que supo Mardoqueo todo lo que se <u>había</u> hecho, rasgó sus <u>vestidos</u>,se vistió de <u>cilicio</u> y de ceniza, y se fue por la <u>ciudad</u> clamando con grande y amargo <u>clamor</u>.

9. Ap 21:1Vi un cielo <u>nuevo</u> y una <u>tierra</u> nueva; porque el primer <u>cielo</u> y la primera tierr- a <u>pasaron</u>, y el mar ya no existía más.

10. Sal 47:1 Pueblos todos, batid las <u>manos</u>; aclamad a Dios con <u>voz</u> de júbilo.

11. Jn 11:17 Vino, pues, Jesús, y <u>halló</u> que hacía ya <u>cuatro</u> días que Lázaro estaba en el <u>sepulcro</u>.

12. Mt 27:1 Venida la mañana, todos los <u>principales</u> sacerdotes y los <u>ancianos</u> del pueblo e- ntraron en <u>consejo</u> contra Jesús, para entregarle a muerte.

13. 1S 1:20 Aconteció que al cumplirse el <u>tiempo</u>, después de haber <u>concebido</u> Ana, dio a luz un <u>hijo</u>, y le puso por <u>nombre</u> Samuel, diciendo: Por <u>cuanto</u> lo pedí a Jehová.

14. Éx 12:41 Y pasados los cuatrocientos <u>treinta</u> años, en el <u>mismo</u> día todas las huestes de Jehová <u>salieron</u>, de la tierra de Egipto.

15. Mr 15:32 El Cristo, rey de <u>Israel</u>, descienda ahora de la <u>cruz</u>, para que <u>veamos</u> y crea- mos. También los que estaban <u>crucificados</u> con él le injuriaban.

La repuesta del entretenimiento 42

1. Gn 1:1 En el principio creó Dios los cielos y la tierra.

2. Mt 19:1 Aconteció que cuando Jesús terminó estas palabras, se alejó de Galilea, y fue a las regiones de Judea al otro lado del Jorán.

3. Jos 23:5 Y Jehová vuestro dios las echará de delante de vosotros, y las arrojará de vu- estra presencia; y vosotros poseeréis sus tierras, como Jehová vuestro Dios os ha dicho.

4. Neh 4:17 Los que edificaban en el muro, los que acarreaban, y los que cargaban, con una mano trabajaban en la obra, y en la otra tenían la espada.

5. Ap 11:6 Estos tinen poder para cerrar el cielo, a fin de que no llueva en los días de su profecía; y tienen poder sobre las aguas para convertirlas en sangre, y para herir la tierra con toda placa, cuantas veces quieran.

6. Ez 40:42 Las cuatro mesas para el holocausto eran de piedra labrada, de un codo y medio de longitud, y codo y medio de ancho, y de un codo de altura; sobre éstas pondr- án los utensilios con que degollarán el holocausto y el sacrificio.

7. Jn 8:19 Elios le dijeron: ¿Dónde está tu Padre? Respondió Jesús: Ni a mí me conocei- s, ni a mi padre; si a mí me conociereis, también a mi Padre conoceríais.

8. Is 44:23 Cantad, loores, oh cielos, porque Jehová lo hizo; gritad con júbilo, profundi- dades de la tierra; prorrumpid, montes, en alabanza; bosque, y todo árbol que en él está; porque Jehová redimió a Jacob, y en Israel será glorificado.

9. Lc 20:8 Entonces Jesús les dijo: Yo tampoco os diré con qué autoridad hago estas cos as.

10. Hch 4:27 Porque verdaderamente se unieron en esta ciudad contra tu santo Hijo Je-_ sús, a quien ungiste, Herodes y Poncio pilato, con los gentiles y el pueblo de Israel.

La repuesta del entretenimiento 43

1. ¿Cómo es que se llama, el Hijo de Jehová? <u>Jesús</u>; Jn 1:49.
2. ¿Quien fue, el padre de Saúl? <u>Cis</u>; 1S 9:1-2.
3. ¿Quien fue, el padre de Jacobo, y de su hermano Juan? <u>Zebedeo</u>; Mr 3:17.
4. ¿Quien fue, el padre de David? <u>Isaí</u>; 1S 16:20.
5. ¿Quien fue, el padre de Lot? <u>Harán</u>; Gn 11:27.
6. ¿Quien fue, el secundó hijo de Abraham? Isaac Gn 21:3.
7. ¿Quien fue, el padre de Esaú? <u>Jacob</u>; Gn 25:26.
8. ¿Quien fue, el hijo Mayor de Sem? <u>Arfaxad</u>; Gn 11:10.
9. ¿Quien fue, el padre de Cis? <u>Abiel</u>; 1S 9:1.
10. ¿Quien fue, el hijo de Zacarías, el esposo de? Elisabet; <u>Juan</u>, Lc 1:63.
11. ¿Quien fue, el padre de Roboam? <u>Salomón</u>; 1C 3:10.
12. ¿Quien fue, el padre de Sofonías? <u>Maasias</u>; Jr 21:1.
13. ¿Cuál fue el nombre, del hijo mayor de Noé? <u>Sem</u>; Gn 10:21.
14. ¿Quien fue, el padre de Jonatán, el amigo de David? <u>Jonatán</u>; 1S 20:28.
15. ¿Cómo fue que se llamó, el cuarto hijo de Jacob? <u>Judá</u>; Gn 29:35.
16. ¿Quien fue, el padre de José, el esposo de María? <u>Jacob</u>; Mt 1:16.
17. ¿Quien fue, el primer hijo de Adán? <u>Caín</u>; Gn 4:1.
18. ¿Quien fue, el padre de Fares? <u>Judá</u>; Gn 46:12.
19. ¿Quien fue, el padre del rey Abiam? <u>Roboam</u>; 1R 14:31.
20. ¿Quien fue, el padre de Eliseo? <u>Safat</u>; 1R 19:19.
21. ¿Quien fue, el padre de Salomón? <u>David</u>; 1R 2:12.
22. ¿Quien fue, el padre de Isaías? <u>Amoz</u>; Is 1:1.
23. ¿Quien fue, el hijo de Set? <u>Enós</u>; Gn 4:26.
24. ¿Quien fue, el padre de Ismael? <u>Abraham</u>; Gn 25:12.
25. ¿Quien fue, el padre de Obed? <u>Booz</u>; Rut 4:21.
26. ¿Quien fue, el padre de Nehemías? <u>Hacalías</u>; Neh 1:1.
27. ¿Quien fue, el padre de Joel? <u>Petuel</u>; Jl 1:1.
28. ¿Quien fue, el padre de Jeremías, <u>Hilcías, Jer 1:1.</u>
29. ¿Quiénes fueron, los hijos de José? <u>Manasés Efraín</u>; Gn 41:51-52.
30. ¿Quien fue, el hijo de Lamec? <u>Noé</u>; Gn 5:30.
31. ¿Quien fue, el padre de Abram? <u>Tare</u>; Gn 11:26.
32. ¿Quien fue, el padre de Rubén? <u>Israel</u>; 1Cr 5:1.
33. ¿Quien fue, el hijo primogénito de Rubén? <u>Hanoc</u>; 1Cr 5:3.
34. ¿Quien fue, el hijo primogénito de Aarón? <u>Eleazar</u>; 1Cr 6:50.

La repuesta del entretenimiento 44

       Dios   cielos   tierra   principio

1. Gn 1:1 En el <u>principio</u> creó <u>Dios</u> los <u>cielos</u> y la <u>tierra</u>.

       recoge   contra   conmigo

2. Mt 12:30 El que no es <u>conmigo</u>, <u>contra</u> mí es; y el que conmigo no <u>recoge</u>, desparrama

       costas   reina   tierra

3. Sal 97:1 Jehová <u>reina</u>; regocíjese la <u>tierra</u>, Alégrense las muchas <u>costas</u>.

       sacerdotes   trompetas   instrumentos
       estaban

4. 2Cr 29:26 Y los levitas <u>estaban</u> con los <u>instrumentos</u> de David, y los <u>sacerdotes</u> con <u>tr- ompetas</u>.

       cuerpo   decorosos   honor   faltaba   nosotros   necesidad

5. 1Co 12:24 Porque los que en <u>nosotros</u> son más <u>decorosos</u>, no tienen <u>necesidad</u>; pero Dios ordenó el <u>cuerpo</u>, dando más abundante <u>honor</u> al que le <u>faltaba</u>.

       ángeles   arriba   grande   piedad   carne   Espíritu   mundo

6. 1Ti 3:16 E indiscutiblemente, <u>grande</u> es el misterio de la <u>piedad</u>: Dios fue manifestado en <u>carne</u>, justificado en el <u>Espíritu</u>, Visto de los <u>ángeles</u>, Predicado a los gentiles, Creído en el <u>mundo</u>, Recibido <u>arriba</u> en gloria.

       comerá   quemada   sacerdote

7. Lv 6:23 Toda ofrenda de <u>sacerdote</u> será enteramente <u>quemada</u>; no se <u>comerá</u>.

       travesía   orilla   tierra

8. Mr 6:53 Terminada la <u>travesía</u>, vinieron a <u>tierra</u> de Genesaret, y arribaron a la <u>orilla</u>.

       pecho   roba   semejante   oro   hombre   pies   siete

9. Ap 1:13 Y en medio de los <u>siete</u> candeleros, a uno <u>semejante</u> al Hijo del <u>hombre</u>, vesti- do de una <u>ropa</u> que llegaba hasta los <u>pies</u>, y ceñido por el <u>pecho</u> con un cinto de <u>oro</u>.

La repuesta del entretenimiento 45

```
M O S C A  W  V  D
T H Q W I  B  R  I
P A S A R A  G  O
K F J V D Y  K  S
S A M A R I A  Q
```

EFRAIN   CALZADO
PAZ   SAMARIA
ERROR   MADIAN
REZIN   JUNTARA
ETERNO   FUERTE
LLAMA   MIEDO
PARTES   ORIENTE

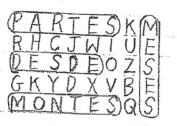

```
P A R T E S  K  M
R H C J W I  U  E
D E S D E  O Z  S
G K Y D X V  B  E
M O N T E S  Q  S
```

VIV JEHOVA ADMIRABLE SOBRE PASADO OPRESOR DIOS PONLE
ACAZ CARDOS SIRIA VIRGEN TOMA ASIRIA MOSCA ADELANTE
PASARA INUNDARA LLEGARAN VALIAN MANTEQUILLA CARNERO
HALLADOS CRIARA ACAMPARAN DESDE JEBEREQUIAS DELANTE

MILCA   MONTES
FIESTAS   QUINCE
PASCUA   MENTIRA
ABRIRA   CARNERO
ACEITE   OFRENDA
FILO   AHIMAN
PIEZAS   CIENTO
PELEA   CUALES
BEZEC   MOISES
BEBER   EDADES
GRATO   MACHO
OCTAVO   REPOSO
PADRES   MESES
SERVIR   VIENTO
NOCHE   PECADO
ROJOS   VIEJOS
AARON   ACASO
TRAERE   CUENTES
HEMOS   MIRAD
PELLIZA   MENOR
ESTERIL   BETUEL
ALZO   SALIDO
REBECA   RUEGO
MADRES   BUENO

```
O P R E S O R  L  L
V H G V X E W  K
J  P A S C U A  Z
E  W O K E P Q  C
B  K H V Y W I  A
E  V J Q K X C  R
R  C U A L E S  D
E  Y P O K A Y  O
Q  B G V Z L Q  S
U  N W R W S K V
I  D A S I R I A
A  T K M B L V D
S  V Q Z H A Y  T
G  R C L V O K  R
S  B I U R I B  E
E  I O E E G Q  P
R  L G N H J Z  O
V  O K T U U S  S
I  K S T Z L K  O
R  S B N I M T  V
Y  F Y K V D A R  V
S O B R E S  D R E
```

```
P A S A D O  W  D
X O E W N G I  F
O E D A D E S  I
W P R O B K C  E
M T Y I X G S  S
O E O F W C A  T
I P D S G R L  A
S A R W K U I  S
E D E J E O D  W
S R S Y U D O  J
B Y D K E C  B
L Z D W O A W O  T
Y Y W O K A W O  Z
Z  S I R I A
H D H D Q U  T
A X D X A X G  D
L V J U C N V  H
L Q N Q Y E B  E
A N W A S O W  M
D B T Y V B I  O
O K W  P I E A S
```

La repuesta del entretenimiento 46

1. Este es el libro de las generaciones de <u>Adán</u>. El día en que creó Dios al hombre, a sem- ejanza de Dios lo hizo.

2. Varón y hembra los creó; y los bendijo, y llamó el nombre de ellos <u>Adán</u>, el día en que fueron creados.

3. Y vivió <u>Adán</u> ciento treinta años, y engendró un hijo a su semejanza, conforme a su i- magen, y llamo su nombre <u>Set</u>.

4. Y fueron los días de <u>Adán</u> después que engendró a <u>set</u>, ochocientos años, y engendró h- ijos e hijas.

5. Y fueron todos los días que vivió <u>Adán</u> novecientos treinta años; y murió.

6. Y vivió <u>Set</u>, ciento cinco años, y engendró a <u>Enós</u>.

7. Y vivió <u>Set</u>, después que engendró a <u>Enós</u>, ochocientos siete años, y engendró hijos e hijas.

8. Y fueron todos los días de <u>Set</u> novecientos doce años; y muró.

9. Y vivió <u>Enós</u> noventa años, y engendró a <u>Cainán</u>.

10. Y vivió <u>Enós</u>, después que eng- endró a <u>Cainán</u>, ochocientos quince años, y engendró hijos e hijas.

11. Y fueron todos los días de <u>Enós</u> novecientos cinco años; y murió.

12. Y vivió <u>Cainán</u> setenta años, y engendró a <u>Mahalaleel</u>.

13. Y vivió <u>Cainán</u>, después que engendró a <u>Mahalaleel</u>, ochocientos cuarenta años, y e- ngendró hijos e hijas.

14. Y fueron todos los días de <u>Cainán</u> novecientos diez años, y murió.

15. Y vivió <u>Mahalaleel</u> sesenta, y cinco años, y engendró a <u>Jared</u>.

16. Y vivió <u>Mahalaleel</u>, después que engendró a <u>Jared</u>, ochocientos treinta años, y enge- ndró hijos e hijas.

17. Y fueron todos los días de <u>Mahalaleel</u> ochocientos noventa y cinco años; y murió.

18. Y vivió <u>Jared</u> ciento sesenta y dos años, y engendró a <u>Enoc</u>.

19. Y vivió <u>Jared</u>, después que engendró a <u>Enoc</u>, ochocientos años, y engendró hijos e h- ijas.

20. Y fueron todos los días de <u>Jared</u> novecientos sesenta y dos años; y murió.

21. Y vivió <u>Enoc</u> sesenta y cinco años, y engendró a <u>Matusalén</u>.

22. Y camino <u>Enoc</u> con Dios, después que engendró a <u>Matusalén</u>, trescientos años, y en- gendró hijos e hijas.

23. Y fueron todos los días de <u>Enoc</u> trescientos sesenta y cinco años.

24. Caminó, pues, <u>Enoc</u> con Dios, y desapareció, porque le llevó Dios.

25. Y vivió <u>Matusalén</u> ciento ochenta y siete años, y engendró a <u>Lamec</u>.

26. Y vivió <u>Matusalén</u>, después que engendró a <u>Lamec</u>, setecientos ochenta y dos años, y engendró hijos e hijas.

27 Fueron, pues, todos los días de <u>matusalén</u> novecientos sesenta y nueve años; y murió. 28 Y vivió <u>Lamec</u> ciento ochenta y dos años, y engendróun hijo.

29 Y llamó su nombre <u>Noé</u>, diciendo: Este nos aliará de nuestras manos, a causa de la tierra que Jehová maldijo.

30 Y vivió <u>Lamec</u>, después que engendró a <u>Noé</u>, quinientos noventa y cinco años, y engendró hijos e hijas.

31 Y fueron todos los días de <u>Lamec</u> setecientos setenta y siete años; y murió.

32 Y siento <u>Noé</u> de quinientos años, engendró a <u>Sem</u>, a <u>Cam</u>, y a <u>Jafet</u>.

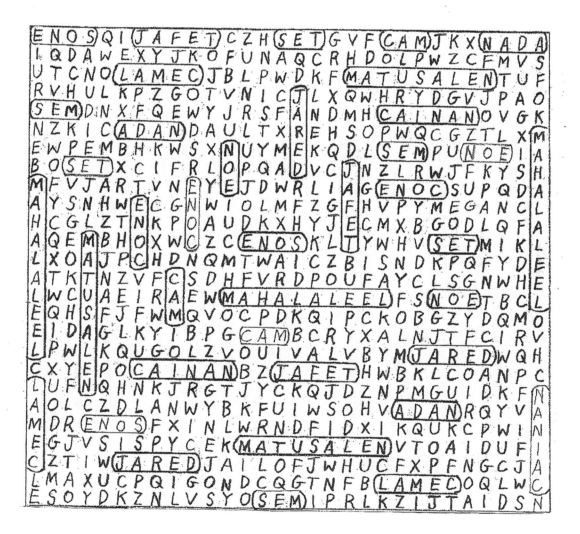

La repuesta del entretenimiento 47

1 Ez 27:23 Harán, Cane, Edén, y los mercaderes de Sabá, de Asiria y de Quilmad, contrataban contigo.

2 Hch 13:10 dijo: ¡Oh, lleno de todo engaño y de toda maldad, hijo del diablo, enemigo de toda justicia! ¿No cesarás de trastornar los caminos rectos del Señor?

3 Mr 4:9 Entonces les dijo: El que tiene oídos para oír, oiga.

4 Mt 22:18 Pero Jesús, conociendo la malicia de ellos, les dijo: ¿Por qué me tentáis, hipócritas?

5 Sal 149:1 Cantad a Jehová cantico nuevo; Su alabanza sea en la congregación de los santos.

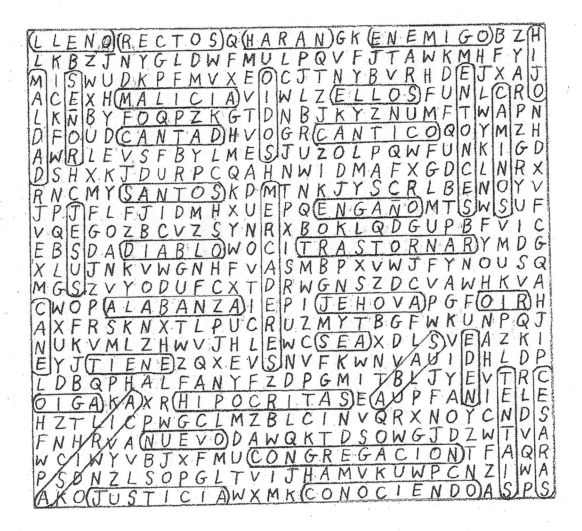

La repuesta del entretenimiento 48

1 La madre de Jesús, ¿Su nombre era María? Sí o no, (Sí); Mt 1:16.

2 Juan el Bautista: ¿Él fue el que bautizo a Jesús? Sí o no, (Sí); Mt 3:13.

3 La tumba de Jesús: ¿Arquen la llegaron de usar? Sí o no, (No); Mt 27:60.

4 El que pidió el cuerpo de Jesús: ¿Su nombre fue José? Sí o no, (Sí); Mt 27:58.

5 ¿El Diablos tentó a Jesús, tres veces? Sí o no, (Sí); Lc 4:1-13.

6 ¿Los padres de Jesús, y el niñito Jesús, ellos llegaron a vivir en Egipto? Sí o no, (Sí) Mt 2:13.

7 Los magos: ¿Le trajeron al niñito Jesús regalos? Sí o no, (Sí); Mt 2:11.

8 ¿Jesús nació en el día? Sí o no, (No); Lc 2:8.

10 ¿Jesús estuvo tres días, y tres noches en ayuno? Sí o no, (No); Mt 4:2.

11 ¿Jesús el bautizaba, Sí o no? (No); Jn 4:2.

La repuesta del entretenimiento 49

Salmos 3:1-8.
Heriste (3:7), Adversarios (3:1), Levántate (3:7), Pueblo (3:8).

Génesis 1:1-13.
Espíritu (1:2), Noche (1:5), Mares (1:10), Separe (1:6).

Job 1:1-12.
Blasfema (1:11), Quizá (1:5), Varón (1:1), Extiende (1:11).

Hechos 7:12-25.
Maltratado (7:24), Expusiesen (7:19), Segunda (7:12), Hamor (7:16).

Salmos 115:1:13.
Acordó (115:12), Nombre (115:1), Huelen (115:6), Aarón 115:10).

1Pedro 4:1-11.
Juzgar (4:5), Desenfreno (4:4), Amén (4:11), Minístrelo (4:10).

2Crónicas 9:13-28.
Caballerizas (9:25), Sefela (9:27), Mercaderes (9:14), Jamás (9:19).

Amos 8:4-14.
Beerseba (8:14), Arruináis (8:4), Doncellas (8:13), Postrimería (8:10).

Éxodo 20:1-17.
Millares (20:6), Semejanza (20:4), Alarguen (20:12), Inclinarás (20:5).

Proverbios 23:1-21.
Menospreciará (23:9), Vestidos (23:21), Cuchillo (23:2), Volarán (23:5).

Isaías 25:1-12.
Humillará (25:12), Suculentos (25:6), Maravillas (25:1), Lágrima (25:8).

Apocalipsis 14:1-20.
Adelante (14:13), Azufre (14:10), Sion (14:1), Ciudad (14:8).

1Samuel 21:1-15.
Demente (21:14), Sagrado (21:4), Levantándose (21:10), Dámela (21:9).

La repuesta del entretenimiento 50

1. ¿Cuál fue el secundo árbol, que la Biblia lo menciona? (El árbol de la ciencia), Gn 2:9.

2. ¿Cuantos hijos fueron, lo que tuvo Elimelec, y su esposa Noemí? (Dos), Rut 1:2.

3. ¿Cuál fue el nombre del hijo de David, que fue muy sabio? (Salomón), 1R 3:12.

4. ¿Qué era lo que salía de Edén, que se repartías en cuatro brazos? (Un río), Gn 2:10.

5. Un ángel, se le apareció a María, la madre de Jesús, ¿en qué mes? (El mes sexto), Lc 1:26.

6. ¿Cuál fue el nombre, del padre de Jonás? (Amitai), Jon 1:1.

7. ¿Cuantos hijos e hijas, fueron lo que tuvieron Elcana y Ana? (Seis hijos), 1S 1:20, 2:21.

8. ¿Cuantos años fueron, lo que reino el rey Salomón? (Cuarenta años), 1R 11:42.

9. ¿A qué persona fue, que Satanás, le quito todo lo que el tenia? (A Job), Job 1:12, 21.

10. ¿Satanás llego a pecar, en el cielo, o en la tierra? (En la tierra), Is 14:14.

11. ¿Quien fue, el que vendió su primogenitura? (Esaú), Gn 25:31.

12. ¿Cuantos hijos fueron, lo que tuvo Jacob? (Doce hijos), Gn 35:22.

13. ¿Quién fue el que tocaba, un arpa a un rey? (David), 1S 16:23.

14. De las siete iglesias de Ap, ¿cuál es el nombre, de la última iglesia? (Laodicea), Ap 3:14.

15. ¿Quien fue, el que escribió los Proverbios? (El rey Salomón) Pr 1:1.

16. ¿Cuantos demonios fueron, lo que Jesús saco de María Magdalena? (Siete), Lc 8:2.

17. ¿Cuál fue el nombre, de la mujer de Moisés? (Séfora), Éx 2:21.

18. ¿A qué persona fue, el que quedó mudo, por no creo al ángel? (Zacarías), Lc 1:18, 20.

19. ¿Quien fue, el que no vio muerte, hasta que vio, al niñito Jesús? (Simeón), Lc 2:25-26.

20. ¿En qué tierra fue, que Pablo murió? (En Roma), Hch 28:30.

21. ¿Adónde es que los creyentes, reinaran para siempre? (En la tierra) Ap 5:10.

22. ¿Qué discípulo fue, el que camino sobre las aguas? (Pedro), Mt 14:29.

23. ¿Qué persona, fue el que encontró mandrágoras? (Rubén), Gn 30:14).

La repuesta del entretenimiento 51

1, Dn 5:24 (Entonces) de su (presencia) fue (enviada) la (mano) que (trazó) (esta) (escritura).

2, 1Co 6:14 Y (Dios), que (levanto) al (Señor), (también) a (nosotros) nos (levantará) con su (poder).

3, 2Cr 8:17 (Hizo) (además) el rey un (gran) (trono) de (marfil), y lo (cubrió) de oro (puro).

4, Jer 14:11 Me dijo (Jehová): No (ruegues) por (este) (pueblo) para (bien).

5, Lc 17:1 Dijo (Jesús) a sus (discípulos): (Imposible) es que no (vengan) (tropiezos);mas ay de (aquel) por (quien)(viene).

6, Ap 12:8 (Pero) no (prevalecieron), ni se (hallo) ya (lugar) (para) (ellos) en el (cielo).

7, Ro 6:1 Que (pues), (diremos)? (perseveraremos) en el (pecado) (para) que la (gracia) (abunde)?

8, Pr 22:5 (Espinos) y (lazos) hay en el (camino) del (perverso); El que (guarda) su (alma) se (alejara) de ellos.

9, Sal 3:3 Mas tú, (Jehová), (eres) (escudo) (alrededor) de mí; Mi (gloria), y el que (levanta) mi (cabeza).

```
PERSEVERAREMOS        DIREMOS      ESTE
PREVALECIERON         RUEGUES      PURO
DISCIPULOS            LEVANTO      PARA
PRESENCIA    DIOS     ALEJARA      GRAN
LEVANTARA    ERES     JEHOVA       PUES
IMPOSIBLE    BIEN     PUEBLO       MANO
ESCRITURA    HIZO     CABEZA       PERO
TROPIEZOS    ESTA     PECADO       CELOS
ALREDEDOR  ALMA       JEHOVA       AQUEL
NOSOTROS   VIENE      GUARDA       JESUS
ENTONCES   TRAZO      ADEMAS       QUIEN
PERVERSO   SEÑOR      VENGAN       LUGAR
LEVANTA  GLORIA       CAMINO       PODER
ENVIADA  MARFIL       GRACIA       HALLO
ESPINOS  ESCUDO       ABUNDE       TRONO
TAMBIEN  CUBRIO       LAZOS        ELLOS
```

La repuesta del entretenimiento 52

1. En el principio creó Dios los cielos y la tierra; (Gn 1:1).

    Gn 4:9,   Dt 20:1,   (Gn 1:1),   2Co 4:6.

2. Todo lo que respire alabe a Jehová Aleluya; (Sal 150:6).

    Nm 6:9,   Is 54:9,   (Sal 150:6),   Mi 6:133

3. Os digo que todo aquel que me confesare delante de los hombres también el hijo del hombre le confesará delante de los ángeles de Dios; (Lc 12:8).

    Jn 19:28,   (Lc 12:8),   Hco 7:9,   Ap 15:8.

4. Cuando abrió el sétimo sello, se hizo silencio en el cielo como por media hora; (Ap 8:1).

    Ap 19:12,   Mt 27:9,   Fil 1:22,   (Ap 8:1).

5. Las palabras de Jeremía hijo de Hilcías, de los sacerdotes que estuvieron en Anatot, en tierra de Benjamín; (Jer 1:1).

    (Jer 1:1),   1S 16:27,   Dn 2:10   2Ts 3:15.

6. Alaban el nombre de Jehová; Alabadle, siervos de Jehová; (Sal 135:1).

    Jer 13:5,   Gn 7:4,   (Sal 135:1),   Mr 4:8.

7. En el octavo mes del año Segundo de Darío, vino palabra de Jehová al profeta Zacarí- as hijo de Berequías, hijo de Iddo, diciendo; (Zac 1:1).

    Is 14:7,   Dt 6:12,   (Zac 1:1),   Lm 2:1.

8. Los hijos de Paros, dos mil ciento setenta y dos; (Esd 2:3).

    Rt 4:1,   (Esd 2:3),   Lc 10:7,   Lv4:19.

9. Principio del evangelio de Jesucristo, Hijo de Dios; (Mr 1:1).

    (Mr 1:1),   1Ti 5:15,   Nm16:20,   Gá 6:13.

10. Pablo, apóstol de Jesucristo por mandato de Dios nuestro Salvador, y del Señor Jes- ucristo nuestro esperanza; (1Ti 1:1).

    (1Ti 1:1),   2P 2:1,   Sal 5:12,   Is 6:11.

11. Esta es la bendición con la cual bendijo Moisés varón de Dios a los hijos de Israel, a- ntes que muriese; (Dt 33:1).

    (Dt 33:1),   Am 3:8,   Cr 32:20,   Jn 21:1.

12. Un varón de la familia de Leví fue y tomó por mujer a una hija de Leví; (Éx 2:1).

    (Éx 2:1),   1R 21:11,   Ez 47:13,   Hco 21:35.

La repuesta del entretenimiento 53

1. La cabeza, que fue traída en un plato, ¿fue la cabeza de Juan el Bautista? (Si); Mt 14:8

2. José hijo de Israel, ¿él fue pastor de ovejas? (Si); Gn 37:2.

3. ¿Raquel fue la primera esposa de Jacob? (No); Gn 29:25.

4. ¿David fue el séptimo, hijo de Isaía? (No); 1S 16:10-11.

5. ¿Salomón termino de construir el templo, en dos años? (No); 1R 6:38.

6. ¿Adán él fue el que peco primero? (No); Gn 3:6.

7. ¿Eliseo él era calvo? (Si); 2R 2:23.

8. ¿Matías lleco a escoger, el puesto de Judas Iscariote? (Si); Hch 1:26.

9. ¿El Espíritu Santo, es el tercer Dios? (Si); 1Jn 5:7.

10. ¿Los varones del rey Ezequías, ellos copiaron algunos de los Proverbios? (Si); Pr 25:1

11. ¿El tío de Marcos, su nombre fue Bernabé? (Si); Col 4:10.

12. ¿El Espíritu Santo, es un don? (Si); Hch 2:38.

13. ¿Qué dos personas fueron, lo que no tuvieron padre ni madre? (Adán y Eva); Gn 1:27

14. ¿De los tres amigos de Job, cuál fue el nombre del más joven? (Eliú); Job 32:6.

15. ¿Esaú fue llamado Edom? (Si); Gn 25:30.

16. ¿Moisés le cambio el nombre, a Josué? (Si); Nm 13:16.

17. ¿Jesús le dijo a un discípulo, quítate de delante de mí Satanás? (Si); Mt 16:23.

18. ¿A qué persona fue, el que fue vendido en Egipto? (José); Gn 39:1.

19. ¿Noé tuvo hermanos y hermanas? (Si); Gn 5:30.

20. El rey Saúl, ¿el mismo se quitó la vida? Sí 0 no; _____.

21. ¿Jonás, tuvo en el vientre del pez, por un día? Sí o no; _____.

22. ¿Israel fue cautivo en Babilonia, por 55 años? Sí o no; _____.

23. ¿Dios arrojaras a Satanás, y a sus ángeles, en tierra? (Si); Ap 12:9.

24. ¿Israel llego a dividirse, en dos reinos? (Si); 1R 12:20-21.

25. ¿Antes de todas las cosas, Dios creó a Jesús primero? (Si); Col 1:15-17.

26. ¿Génesis es el secundó libro en la Biblia? (No); Gn 1:1.

27. ¿Judá y Benjamín, ellos dos se unieron en un solo reino? (Si); 1R 12:21.

28. ¿Onces tribu de Israel, combatieron contra una sola tribu? (Si); Jue 20:1-3.

29. ¿Jacob tuvo una hija? (Si); Gn 34:1.

30. ¿Jesús y Juan el Bautista, eran familias? (Si); Lc 1:36.

31. ¿María la profetisa, eso quiere decir, la cantante? (Si); Éx 15:20-21.

32. ¿Noé y sus familias, entraron en el arca, ya cundo estaba lloviendo? (No); Gn 7:910. 33 ¿Adán Dios lo creó, en el Edén? (No); Gn 2:8, 3:23.

La repuesta del entretenimiento 54

1. ¿Cuantas mujeres, fueron la que tuvo Salomón? 1R 11:3.
   300   800   600   (1,000)   400   500

2. ¿Cuantas mujeres, fueron la que tuvo Caín? Gn 4:17.
   5   3   (1)   6   2   4

3. ¿Cuantos hijos, fueron lo que tuvo Abraham? Gn 16:15,21:3,25:1-2.
   10   (8)   12   6   2   15

4. ¿Cuál de los hijos de Israel, fue el que tuvo gemelo? Gn 8:26:27.
   Gad   Neftalí   Rubén   (Judá)   Leví

5. ¿Cuál fue el discípulo, que Jesús sano a su suegra? Mt 8:14-15.
   Juan   Jacobo   (Pedro)   Judas   Lucas

6. ¿De qué edad fue, que Jesús empezó su ministerio? Lc 3:23.
   29 años   150 años   45 años   (30 años)   75 años

7. ¿En cuántas piezas de platas, fue que Jesús fue vendido? Mt 26:14:16.
   100 piezas   50 piezas   (30 piezas)   10 piezas   25 piezas

8. ¿En qué mes fue, que Israel salió de Egipto? Éx 12:2.
   (primer mes)   quinto mes   noveno mes   decimó mes   tercer mes

9. ¿En qué mes fue, que Noé y sus familias, salieron del arca? Gn 8:14.
   (mes secundo)   mes cuarto   mes noveno   mes séptimo   mes primero

10. ¿Cuantos hijos, fueron lo que tuvo Caín? Gn 4:17.
    7 hijos   3 hijos   (1hijo)   12 hijos   9 hijos

11. ¿En qué tierra fue, que Samuel fue sepultado? 1S 25:1.
    En Edén   En Ramot   En Belen   (En Rama)   En Moab

12. ¿Cómo fue que se llamó, el criado de Eliseo? 2R 5:20.
    Eliab   Acab   Asa   (Gíezi)   Balaam

13. ¿Quién fue el general de un ejército, que vino a Eliseo, con lepra? 2R 5:1, 9.
    Balac   (Naamán)   Caleb   Bere   Azazel

La repuesta del entretenimiento 55

HUIR	BANZA	PUERTA
REBELION	CAMINO	ALMA
ALABEN	ANGUSTIA	OCCIDENTE
CANAAN	CLAMAROR	MEZCLARON
SALVCION	DERRAMARON	COME
UNIERON	AFLICCION	HASTA
ABOMINO	CAUSA	LLEGARON
SANO	CORDIA	PODER
REDIMIDO	TINIEBLAS	NEGOCIO
ENVIO	CLAMOR	ENEMIGOS
CIONES	MAR	FUNDICION
HIERBA	GRANDEZAS	TANTO
FINEES	DESIERTO	ESCOGIDO
ANTES	HABLO	SIEMPRE
LABIOS	HIZO	AGUAS
ALZO	RABA	JOAB
VUELTA	LEARON	SIRIOS
EUFRATES	HANUN	MATO
HUYO	PUEBLO	BATALLA
LADO	TREJERON	AVISO
VARON	RECIBIRLOS	JERICO
ODIOSOS	RAPO	INQUIRIR
VESTIDO	LUEGO	LLEGO
TOI	DELANTE	QUERIDO
PERMANEZCA	DOMINIOS	MOABITAS
HAMAT	PRINCIPALES	

1. ¿Cuantos libros hay en el nuevo testamento? (27 Libros).

2. ¿Quién fue el que escribió, los Proverbios? (El rey Salomón).

3. ¿Quién fue el que escribió, el Apocalipsis? (El discípulo Juan), Ap 1:1.

4. ¿Cuantos libros por todos, hay en la Biblia? (66 Libros).

5. Desde Adán asta Noé, ¿cuantos años fueron eso? (1,556 años), Gn 5:3-32, 9:29.

6. Israel se dividió en dos reinos, ¿cuál es el nombre de cada reino? (Judá, Israel), 1R J- udá, 12:17, Israel, 1R 12:20.

La repuesta del entretenimiento 55

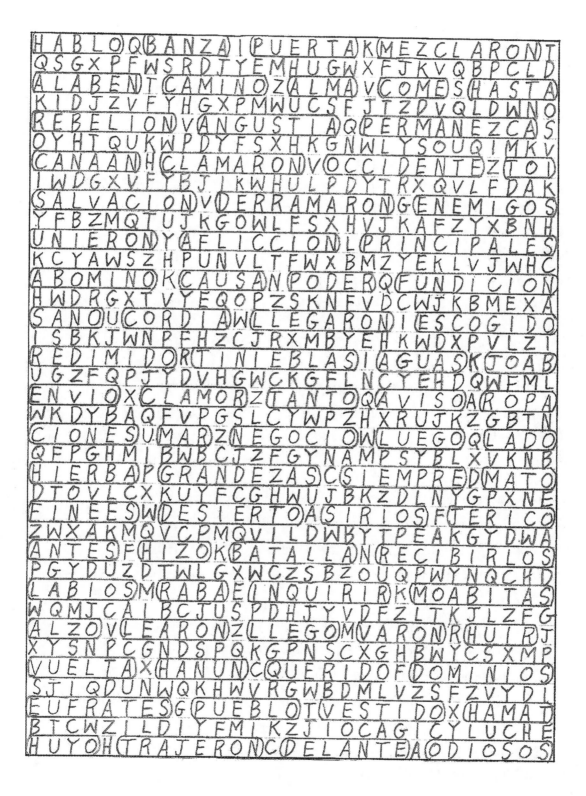

La repuesta del entretenimiento 56

TIENDA	FRORECERA	CASA
PRUDENTES	CORONARAN	SABIDURIA
JUSTO	POBRE	IDIOSO
AMIGO	PERO	MUCHOS
AMAN	PECA	MENOSPRECIA
PROJIMOS	TIENE	MISERRICORDIA
BIENAVENTURADO	YERRAN	PIENSAN
VERDAD	ALCANZARAN	BIEN
LABOR	FRUTOS	VANAS
PALABRAS	MAL	RIQUEZAS
INFATUACION	VERDADERO	LIBRAS
ALMAS	HABRARA	HALLARAS
FACIL	HALLA	VARA
NECIA	SACIAS	JUNTA
REGOCIJA	CORRECCION	VERGÜENZA
POBREZA	BURLADOR	RECIBE
PADRES	ESCUCHA	GUARDA
CALAMIDAD	DESEA	PRETENDEN
CONTIENDA	CASTIGO	CUYAS
GOLPES	PERMANECERA	NINGUNA

1. ¿Los que son de fe, éstos son hijos de? (Abraham); Ga 3:7.

2. ¿Cuantos hermanos tuvo Abraham? (Dos); Gn 11:26.

3. ¿Cuál fue el nombre, del padre de Abraham? (Taré), Gn 11:27.

4. ¿De qué descendencia fue Abraham, de los tres hijos de Noé? (De Sem), Gn 11:10-26.

5. ¿De cuántos años fue, que murió Abraham? (175 años), Gn 25:7.

6. ¿Cuantos años tenía Abraham, cuando nació Isaac? (100 años), Gn 21:5.

7. ¿Cuantos años fueron, lo que vivió, el padre de Abraham? (205 años), Gn 11:32.

8. ¿En qué tierra fue, que Abraham lleco, para sacrificar a Isaac? (Moriah), Gn 22:2.

9. ¿Cuantas Mujeres fueron, la que tuvo Abraham? (Dos), Gn 12:5, 25:1.

10. ¿En qué tierra estaba Abraham, cuando Dios le abro, por segunda vez? (En More), Gn 12:6-7.

11. ¿Cuál fue el nombre, del primer hijo, de Abraham? (Ismael), Gn 16:15.